Das Buch

Wusste der damalige Bundeskanzler Gerhard Schröder, als er Lehrer pauschal als *faule Säcke* bezeichnete, dass man diese in Finnland liebevoll als *Kerzen des Volkes* respektiert... Ungeachtet dieser grobschlächtig-verächtlichen Titulierung des ehemaligen Regierungschefs lässt sich feststellen, dass in unserer Republik gerade über Bildungsfragen und die Institution der Schule noch immer besonders leidenschaftlich diskutiert wird. Leidenschaft wird man auch in diesem Buch entdecken können, gleichgültig, ob es um die Digitalisierung des Unterrichts geht, um die Praxisferne einer ausufernden Kultusbürokratie, um den Zusammenhang von Humor und Lernen, um eigenwillige Unterrichtsprojekte oder gelegentlich etwas exzentrisch gestaltete Deutschstunden. In jedem Falle spricht in diesen Texten ein Praktiker, jemand, der die Schule nicht nur als Schüler erlebt hat, sondern auch aus der Perspektive des Lehrerpults, und dem das Zitat zugeschrieben wird, dass man nur dann von einer *guten Unterrichtsstunde* sprechen könne, wenn in dieser zumindest einmal auch gelächelt wurde...

Der Autor

Manfred Back, geboren 1961 in Rüsselsheim, lebt und arbeitet als Lehrer in Frankfurt. Eine Übersicht über seine bisherigen literarischen Arbeiten findet sich am Ende des Buches.

Manfred Back

Die Schönheit von Fragezeichen

Aufsätze, Reden und Kokolores zur Pädagogik

© 2021, Manfred Back
Herstellung und Verlag: BoD – Books on Demand, Norderstedt
ISBN: 9783754331637

Erziehung ist Zeugung einer anderen Art.
Georg Christoph Lichtenberg

Erziehung ist alles. Der Pfirsich war einst eine
Bittermandel, und der Blumenkohl ist nichts als ein
Kohlkopf mit akademischer Bildung.
Mark Twain

Der Vogel hat gesungen.

Die Glocke hat geläutet.

Die Geranie

auf der Fensterbank

ist eben gestorben,

aber Sie

reden einfach weiter,

Fräulein Schmitt.

Albert Cullum

Stellvertretend für so viele, die meinem
beruflichen Leben einen Sinn und meinem
Leben eine Art Berufung gaben - und meine *Berufung*
mit Leben erfüllten...

... für *Gloria*
(meiner Punkerin, mit der ich meine Begeisterung für
Powerwolf teilen durfte und die als Praktikantin die
Bahnhofsmission beseelte)...

...für *Mazlum*
(der Sanftheit mit Neugier paarte und der sein
Praktikum als *silberne Tür in die Arbeitswelt*
bezeichnete) ...

... und für *Amina*
(die den Begriff der Tapferkeit
neu definierte und in deren Brust
ein Lagerfeuer glänzt) ...

...und natürlich (und ganz besonders) für
all die anderen...

Ein Smartphone kicken

Gern räume ich ein, dass ich Smartphones nicht mag. Und folglich auch keines besitze. Dass ich damit von meinen offenmundig/offenkundig staunenden Schülern als ein anachronistisches Fossil aus der analogen Urzeit betrachtet werde, muss ich in Kauf nehmen, zumal ich auch recht offensiv mit diesem unfassbaren Defizit umgehe. Das geht so weit, dass ich auf die Frage meiner ehemaligen Klasse, was ich denn mit einem mir von ihnen geschenkten Handy anstellen würde, geantwortet habe, dass ich es unverzüglich aus dem Fenster werfen würde. Das geht sogar so weit, dass ich ein herrenlos in einem Rucksack im Klassenraum vergessenes Smartphone vor den Augen meiner entsetzten Zöglinge auf den Boden fallen ließ (absichtlich!) und es anschließend (genüßlich!!) einer lustvollen *Diagonalkickprobe* durch den Raum unterzog. Meinen Schülern musste das vorgekommen sein wie ein heidnischer Akt, die Schändung eines Heiligtums, ein Sakrileg, begangen von einem aus der Zeit gefallenen Avatar…

Natürlich sehe auch ich als Pädagoge, dass ein solches Smartphone eine Bereicherung sein könnte, ein nützliches Utensil beispielsweise bei Klassenfahrten oder Ausflügen. Allerdings, sehr viel mehr Vorzüge kann ich für den pädagogischen Betrieb nicht erkennen. Was ich hingegen erkennen kann, ist eine schwarmhaft sich ausbreitende Bewusstseinsgeiselnahme, eine epidemisch zunehmende Massenpsychose, sind dramatisch sich verändernde Kommunikationsstrukturen sowie ein organisiert wirkender Aufmerksamkeitsraub. (Wer jetzt nicht so recht weiß, was der Urzeitonkel damit genau meint, möge einfach eine beliebige Straßenbahn oder einen Bus in einer beliebigen Stadt zu einer beliebigen Uhrzeit betreten und sich umschauen – was natürlich bedeuten würde, den eigenen Blick von seinem Smartphone abzuwenden…).

Um Letzteres aber als Straftatbestand justiziabel machen zu können, müsste so etwas wie ein kritisches Bewusstsein vorhanden sein. Und natürlich, die Forderungen nach einer *kritischen Medienerziehung* als ein vehement verlangtes didaktisches Ziel gibt es. Die Notwendigkeit, Kinder zu einem bewussteren medialen Umgang zu erziehen, liegt ja auch ziemlich offen zutage, nicht nur, was sogenannte „Hasskommentare", das Phänomen des „Sexting" und das digitale Mobben betrifft, sondern überhaupt den oftmals sehr leichtsinnigen um nicht zu sagen naiven Umgang mit den eigenen Daten. So weit, so gut. Es leuchtet mir ein, dass zeitgemäßer Unterricht natürlich auch im Computerraum stattfinden sollte, zur Einübung von Präsentationstechniken oder zum Recherchieren im Internet (wobei aber auch klar sein sollte, dass die Lehrkraft eine instruierende statt einer bloß dekorativen Rolle spielen muss). Gewisse Vorzüge des digitalen Zeitalters haben sich selbst mir als einem hier eher skeptischen Zeitgenossen durchaus erschlossen, Vorzüge, die ich im täglichen Unterricht anwende und selbstverständlich auch privat nutze.

Vielleicht sollte ich doch etwas weiter ausholen, um mein Unbehagen sowohl an der gedankenlosen Anbetung nahezu *aller* digitalen Innovationen im Allgemeinen als auch am unreflektierten Gebrauch von Smartphones im Besonderen zu verdeutlichen. Bis bei mir zuhause der erste Computer installiert wurde, hatte ich mich in einer teilweise albern bis hysterisch anmutenden Abwehrhaltung befunden und dabei allerlei kindische und haltlose Argumentationen von mir gegeben. Heute dagegen nutze ich den Rechner in vielfältiger Weise, habe mir die wunderbaren Optionen von Schreibprogrammen einigermaßen erschlossen, verkehre mit der Außenwelt nahezu täglich via E-Mail und surfe häufig und ausgiebig im Netz. Im Zuge dessen bin ich sogar zu einem Fördermitglied von *Wikimedia* geworden, das die Arbeiten an *Wikipedia* organisiert (ein Medium, dessen Kenntnisreichtum und Qualität ich oft nutze und genieße).

Bei Handys hingegen ist meine Skepsis geblieben, anfangs genährt vor allem von einem Gefühl, ein wichtiges Stück Privatheit zu verlieren. Die Vorstellung, in aller Öffentlichkeit intime Dinge zu besprechen, löste in mir negative Empfindungen aus und ließ mich einen mir unangenehmen Mangel an Distanz und Dezenz erahnen. An diesem Grundgefühl hat sich bis heute nicht viel geändert, zumal ich das hemmungsloslautstarke Hinaustrompeten von Worten, Sätzen und Halbsätzen/Wortfetzen zunehmend als eine Form der akustischen Umweltverschmutzung wahrnehme.

Heute hingegen sagen Studien, dass Smartphones immer weniger für einen solchen Kommunikationsaustausch genutzt werden. Stattdessen wird gedaddelt, was das Zeug hält, werden die sogenannten *sozialen* (und von mir nur als *unsozial* bezeichneten) *Netzwerke* hauptsächlich zur Bestätigung der eigenen Wichtigkeit eingesetzt, werden alle möglichen *WhatsApp*-Programme in einer mir als zunehmender Selbstentmündigung erscheinenden Häufigkeit angeklickt und angewendet und wird, wie mir scheint, immer mehr selbstständiges und souveränes Denken und Handeln an eine virtuelle *Pokemon-go*-Welt delegiert.

Eine beliebige Fahrt in einem öffentlichen Verkehrsmittel oder das Betrachten verschiedener Szenerien in einem Restaurant, einem Supermarkt, auf einem Marktplatz oder auch in einer Buchhandlung vermitteln mir zunehmend das Gefühl, Teilnehmer eines dystopischen Science-Fiction-Filmes zu sein: denn so viele starren gebannt auf ihren kleinen bunten Bildschirm, nehmen von der sie umgebenden Außenwelt nichts mehr wahr und wirken wie gefangen in einer unaufhörlich sie überflutenden bunten Reizwelle, in der man sich neben der (vermeintlichen) Vertreibung der Langeweile und der Abwehr der Angst davor, mit sich selbst einmal alleine zu sein (in einer Welt, in der ständig etwas *geschehen muss!*) vor allem die Bestätigung seiner eigenen Vorurteile sichert und so seine eigene kleine und *postfaktische* Existenz konstruiert.

Dass ein derartiges Betäubungsverhalten nicht gerade dazu führt, sich dann im Unterricht mit Aufmerksamkeit und einer gewissen Zähigkeit, einem Durchhaltevermögen und altmodischer Beharrlichkeit auf schulische Aufgaben einzulassen, um etwa konzentriert einen Text lesen und verstehen zu können oder die eigenen Gedanken stringent in einer Erörterung darzulegen, erscheint mir plausibel. Viele ernstzunehmende Wissenschaftler und Forscher warnen denn auch, vor allem vor dem Hintergrund neurophysiologischer Entwicklungsprozesse im Kleinkindalter, vor einem viel zu frühen Gebrauch digitaler Medien. Mit einer für mich unverständlichen Ignoranz werden aber diese Warnungen (etwa von Manfred Spitzer) nicht nur von Bildungspolitikern, sondern auch von „Bildungsexperten" ignoriert, die sich in ihren Phantasien und Forderungen nach einer umfassenden Digitalisierungsoffensive möglichst schon in Kitas und Horten gegenseitig überbieten. Mit der gleichen Borniertheit werden die Bedenken etwa von Precht und Welzer außer Acht gelassen, die generell vor den Gefahren einer unkontrolliert digitalen Welt warnen.

Als Lehrer an einer Gesamtschule in einem sogenannten *sozialen Brennpunkt* erlebe ich häufig Schüler, deren Aufmerksamkeitsspanne nicht einmal für drei Minuten anhält. Beobachte ich eine motorische Unruhe, die sich nicht allein mit den Arbeiten an einer pubertären Großbaustelle erklären lässt. Nehme ich wahr, dass sehr vielen Kindern die Einhaltung auch nur einfachster sozialer Regeln kaum gelingt. Und bemerke ich eine Welt- und Lebenswahrnehmung und Daseinskenntnis, die den Verdacht nahelegt, diese Kinder verbrächten den Großteil ihrer Zeit in einer Bewusstseinsblase fernab von jeglicher Realitäts- und Alltagsprosa.

Sicher, man muss hierbei bedenken, dass Pubertät und Adoleszenz häufig sehr dramatische und einschneidende Veränderungsprozesse darstellen, die sich nicht erst heutzutage in den eben skizzierten Ausprägungen darstellen und denen man sinnvoll mit Gelassenheit und konsequentem Handeln, mit grundsätzlichem Wohlwollen und klar definierten Spielregeln und ganz generell mit heiterer Nachsicht (im Sinne einer grundlegenden Akzeptanz des Gegenüber) begegnen sollte. Und ja, hier zeigen sich natürlich auch oft Ergebnisse einer äußerst defizitären Erziehung, die häufig auf der Überforderung, Unkenntnis oder Ignoranz der Erziehenden basiert.

Aber auch diese Erklärungsansätze vermögen nicht recht zu überzeugen. Stattdessen meine ich, dass sich hier Resultate offenbaren, die einem dramatischen Wandel sowohl der Weltwahrnehmung und –verarbeitung als auch des alltäglichen Verhaltens geschuldet sind. So etwa haben Wissenschaftler in Studien festgestellt, dass die permanente Fixierung auf die bunte Smartphone-Welt zu einem erheblichen Verlust von Empathie geführt hat. Auch müsste es die für die Erziehung Verantwortlichen doch beunruhigen, wenn Grundschüler viele basale Fertigkeiten kaum noch oder gar nicht beherrschen: etwa das Schwimmen, das Rückwärtslaufen, Schuhebinden, Flüstern, das Klettern auf Bäume. Dass diese Phänomene möglicherweise auch den sogenannten *Helikoptereltern* zu verdanken sind, die annehmen, man müsse sein Kind rund um die Uhr vor einer bedrohlich wirkenden Außenwelt schützen und es dabei jederzeit via Smartphone kontrollieren, macht die Sache nicht einfacher. Insgesamt erscheint es dringend geboten, über einen sinnvolleren und vor allem reflektierten Umgang mit den digitalen Medien nachzudenken und dabei einen akzeptablen Weg für sich selbst zu finden, um in der damit verbundenen Reiz- und Informationsflut nicht völlig den Halt zu verlieren – eine Notwendigkeit, die sich ja nun nicht gerade auf Heranwachsende beschränkt, sondern sich dezidiert auch an die Welt der Erwachsenen richtet.

Selbstverständlich bin ich mit solcherlei Überlegungen und Bedenken milchstraßenweit entfernt von dem, was sich als *zeitgemäße Pädagogik* bezeichnen ließe. Insbesondere setze ich mich damit natürlich auch dem Verdacht aus, mich aus der *Lebenswirklichkeit* meiner Schützlinge auszuklinken, keinen *schülerorientierten Unterricht* anzustreben und, ganz fatal! *Die Schülerinnen und Schüler* nicht *da abzuholen wo sie stehen…* - so what-? Ist es nicht viel eher meine Aufgabe als Lehrer, gerade dies *nicht* zu tun: mich in die oftmals noch sehr begrenzte und von vielerlei bunten Oberflächlich- und Nichtigkeiten dominierte *Klickwelt* der Kinder einzuschleimen (wie es Schüler formulieren würden) und mich damit mit ihnen gemein zu machen, mich auf diesem (äußerst bequemen) Wege ihrer Sympathien zu erfreuen und mich von meiner eigentlichen Verantwortung davonzustehlen, die gerade eben darin besteht, Schülerinnen und Schüler mit einer für sie fremden, unerschlossenen Welt zu konfrontieren; sie vor gänzlich unvertraute, für sie exotische und sperrige, vielleicht sogar zunächst *anödende* andere Lebenswelten und Gedanken, Probleme und Herausforderungen zu stellen, um mit ihnen gemeinsam dieses Fremde, Unbekannte kennen zu lernen; sich damit auseinanderzusetzen (und sie dabei vielleicht auch punktuell zu überfordern) - und dabei zu der Fähigkeit, sich auf etwas Unbekanntes eingelassen und sich damit beschäftigt zu haben, zusätzlich besagtes Durchhaltevermögen zu trainieren? Der eigene Anspruch jedenfalls, die Kinder ernst zu nehmen, kann sicherlich vielerlei Facetten und Ansätze enthalten – sich ihnen oberflächlich anzubiedern und damit vielen Schwierigkeiten elegant aus dem Wege zu gehen, zählt wahrlich nicht dazu.

Was also tun? Ich hielte es für keinen überzeugenden Ansatz, würde die Schule sowohl das Mitnehmen als auch das Benutzen von Smartphones während des Schultages komplett untersagen. Ein solches Verbot wäre ein zu rigides Instrument, zumal es die vielzitierte *Lebenswirklichkeit* von Schülern komplett ausblenden würde. Sinnvoller erschiene es mir, die Nutzung dieser Geräte im Schulhaus (und damit natürlich auch im Unterricht) zu verbieten und solcherlei Verstöße gegen die Schulordnung konsequent zu ahnden. Eine solche Praxis erlebe ich an der Schule, an der ich schon lange unterrichte. Gern räume ich ein, dass eine solche Regelung eben *nicht* dazu geführt hat, dass die Schüler nun in den Pausen, statt analoge Gespräche mit Freunden zu führen, allesamt und vereinzelt mit einem bunten Bildschirm vor Augen über den Pausenhof stolpern. Zudem führt ein solcher Umgang mit dem Phänomen auch dazu, dass Schüler dabei ihre Wahrnehmung des eigenen Verhaltens trainieren und strukturieren lernen können, also: Smartphones wegstecken, sobald man das Schulgebäude betritt.

Relativ selten übrigens störte das Klingeln eines nicht ausgeschalteten Handys in meinem Unterricht. Und wenn das ab und zu doch passiert, dann sollte die Lehrkraft hier auch einmal Nachsicht walten lassen – vorausgesetzt, der Schüler sieht seinen Regelbruch ein, statt lange Diskussionen anzuzetteln.

Allerdings wäre es nicht nur wünschenswert, sondern auch dringend geboten, dass die Lehrkräfte hierbei besonders an ihre Vorbildfunktion erinnert werden sollten/müssten und nicht selbst pausenlos telefonierend vor den Augen der Schülerinnen und Schüler im Schulhaus herumziehen. Zudem wäre es mehr als sinnstiftend, wenn auch die Politik die Schulen hierbei unterstützen würde, statt deren Bemühungen um einen angemessenen Umgang mit Handys zu torpedieren. Denn wenn Schüler im Schulgebäude, in der Mensa etwa oder auf den Gängen, wie selbstverständ-

ihre Smartphones zücken, dann muss der Schule auch juristisch die Möglichkeit eingeräumt werden, dieses Gerät einzukassieren und am nächsten Tag den Erziehungsberechtigten auszuhändigen. Denn sonst wären alle Bemühungen der Schule, eine verbindliche Schulordnung zur Erlernung von Verhaltensregeln zu etablieren, völlig obsolet. Hier müssten gerade Bildungspolitiker bzw. Schuljuristen eine klare Kante zeigen, statt aus lauter Angst vor renitenten bzw. uneinsichtigen Eltern einen (vermeintlich) demokratischen Kotau zu exerzieren (oder auch: potentielle Wählerstimmen für sich selbst zu verprellen).

Übrigens hat das titelgebende Smartphone meinen wenig liebevollen Umgang mit sich überlebt. Selbstverständlich hätte ich eine eventuell eingetretene Schädigung des Geräts bezahlt. Gerne bezahlt. Denn das, das war es mir allemal wert...

Der pädagogische Pflanzenfreund

Die vordringlichste Eigenschaft, die ein Pflanzenfreund besitzen muss, ist die Geduld. Ohne sie übersieht er das Wuchern von Konflikt- und Zankstoffen,
überhört die schiefen Töne der Missachtung und über-
geht die Nöte all derer, die in den göttlich anmutenden
Garten des Lebens eingepflanzt worden sind. Und
wenn man mit dem amerikanischen Religions-
philosophen Abbott Geduld als *gezähmte Leidenschaft*
versteht, ist es nur noch ein kleiner Schritt hin zu dem
deutschen Aphoristiker Walter Hilsbacher, der Geduld
übersetzte als *praktizierte Liebe*. Damit sind wir schon
weit vorgedrungen in beachtliche Tiefen des Herzens,
die aber auch benötigt werden, um den Rang eines
echten Pflanzenfreundes einnehmen zu können.

Geduld, Leidenschaft, Liebe – und das in einer Gegenwart, die den Geiz zur quasi religiösen Anschauung
stilisiert hat, die einer Vorstellung von Reichtum hul-
digt, der ausschließlich auf der Armut anderer basiert,
mit der Blödigkeit als Schutzpatronin und dem kalten
Herzen als Symbol: aber ob wir es wollen oder nicht,
in dieser Welt leben wir nun einmal und ziehen unsere
Sprösslinge groß, und da schadet das Nachdenken
über die Grundlagen dieser Wachstumsbedingungen
auf keinen Fall.
Geduld aber, die *Gefährtin der Weisheit* (Augusti-
nus), ist ohne jeden Zweifel die wichtigste Stütze des
pädagogischen Pflanzenfreundes, allzumal in einer

Zeit, in der immer mehr die Uhren die Herrschaft über uns gewinnen, die Hektik mit schriller Stimme regiert und in der an die Stelle hingebungsvoller Liebe hastiger Konsum getreten ist.

Auch für unsere Zeitläufte, in der die Natur verbaut, zugestellt, ausgebeutet und verplant ist und allenfalls noch als eskapistisches Museum, als Projektion unserer Wünsche und Sehnsüchte dient, auch und gerade für diesen Zeitabschnitt gilt, dass man den Wald vor lauter Bäumen zu übersehen droht. Dies gilt auch für den Pflanzenfreund, der sich durch diese Unübersichtlichkeit und Vielstimmigkeit zunehmend eingeschüchtert fühlt. Für ihn gilt es deshalb besonders, eine Begegnung mit der Pflanze auf gleicher Ebene zu suchen, ohne sich ihr damit nun nicht gerade kniefällig oder gar bäuchlings zu nähern. Im Gegensatz aber zur *hohen Warte*, von der aus der vermeintliche Experte meist nur seinen eigenen Schatten sieht oder oft auch einfach gar nichts, empfiehlt sich als Gemeinschaft stiftendes und Zugehörigkeit vermittelndes Grundprinzip das zweite wichtige Attribut, dem sich ein wirklicher Pflanzenfreund verbunden sehen sollte: dem Respekt. Die Autorität des floralen Experten wird gewiss nicht unter dieser Grundeinstellung leiden, im Gegenteil: gerade in Zeiten, wo man preußische Sekundärtugenden als Antwort auf die vermeintliche Zersplitterung von verbindlichen Werten herbei bemüht, ist es gerade der Respekt, der sich als Bruder der *natürlichen* Autorität geschwisterlich mit dem Solidarischen verbunden fühlen darf.

Bei aller Hingabe und Liebe jedoch reicht es nicht aus, sich allein damit als erprobter pädagogischer Pflanzenkenner vorzustellen. Zu Geduld und Respekt, zur Zuneigung und zum Gemeinschaftsprinzip müssen zwingend zwei Fähigkeiten genannt werden, die den bloßen Sympathisanten erst wirklich zum Fachmann adeln: wir sprechen vom Wissen einerseits und von der Erfahrung andererseits.

Natürlich, die Erfahrung ist eine strenge Lehrmeisterin, die zunächst die Prüfungsaufgaben stellt, um hernach mit dem Unterricht zu beginnen. Dennoch ist sie mehr als *der Name, mit dem jeder seine Dummheiten bezeichnet,* wie es der große Oscar Wilde formulierte. Sie ist auch die Quelle, aus der wir unsere Einsichten schöpfen und unser Wissen verlebendigen können.

Für den pädagogischen Pflanzenfreund bedeutet dies, dass er kraft seines Wissens und seiner Erfahrung in der Lage ist, anhand mehrerer Fragen eine Pflanze identifizieren und richtig einschätzen zu können.

1. Welcher Familie ist diese Pflanze zuzuordnen?

Das ist oft leichter gefragt als richtig beantwortet, denn Einigkeit darüber, ob eine Pflanze zu den Idylizeen zu zählen ist, zu den Dokumentariden oder aber doch zu den Tristizeen, herrscht in den seltensten Fällen. Gar zu leicht drohen dramatische Fehleinschätzungen und Verwechslungen, gar zu oft übersieht man den mutantenhaften Wechsel des Familienverbandes, gerade in überproportionierten Wachstumsphasen, und damit hat man noch kein Wort geäußert bezüglich der Vielschichtigkeit innerhalb einer familialen Verankerung.

In jedem Falle gilt es hier, genau hinzuschauen und sich vor allem nicht von äußerem Blendwerk in die Irre führen zu lassen.

2. Zu welcher Standortgruppe gehört der Fundort?

Zur sicheren Beantwortung dieser Frage muss man über ein untrügliches Ortsempfinden verfügen. Man sollte zweifelsfrei wissen, was zum Beispiel ein Sumpf ist, ein Quantensprung, eine Cliquenszene, ein Abseits oder ein Modetrend. Gerade bei der Standortbestimmung schleichen sich die meisten Fehler ein, weshalb der Fachmann hier gehalten sein sollte, sich über neu entstandene und plötzlich auftauchende Standorte aufs Genaueste zu informieren.

3. Welche Strukturen hat die fragliche Pflanze?

Das Formempfinden ist heutzutage ziemlich heruntergekommen. Selbst einfachste Formen werden nicht mehr erkannt oder mit anderen leichtfertig verwechselt. Es geschieht gar nicht so selten, dass Blätter für Blüten gehalten werden, Knospen für Dolden, und an den Früchten erkennen nur noch die wenigsten eine Pflanze. Auch ist nicht jedes Staubteilchen gleich schon ein Samenkorn. Wurzeln vernachlässigt man generell. Ich kenne sogenannte Pflanzenfreunde, die auf Verwurzelungen nicht den geringsten Wert legen. Sie geben sich einfach mit dem zufrieden, was sie beim

Ausreißen einer Pflanze in der Hand behalten.

Um diese Hauptfragen herum gruppieren sich natürlich noch allerlei Aspekte anderer Art, deren Untersuchung jedoch den Rahmen dieses schmalen Büchleins sprengen würde. So möchte ich diese kleine Einführung mit einem afrikanischen Sprichwort beschließen, das andeutet, worum es dem Verfasser auch gelegen ist: *Ein Buch ist wie ein Garten, den man in der Tasche trägt.*

Vorwort zu *Heinrichs kräftiger Schülerflora. Ein Abschiedsgeschenk an meine Klasse* (2007) *Hierin wurde jede Schülerin und jeder Schüler ganz individuell als eine Pflanze charakterisiert.*

Nach Osnabrück

Wie mir scheint, wird leider noch immer die Bedeutsamkeit eines gewissen Albernseins und Albernseinkönnens für die Qualität des pädagogischen Wirkens sträflich unterschätzt. Stattdessen dominieren tiefernste, superseriöse und grau-erwachsene Mienen, regieren gehaltvoll-reflektierende Blicke und skeptisch-stirnrunzelnd geäußerte und sorgsam abwägende Worte, wann immer sich das Gespräch um den Zustand unserer Lehrinstitute dreht. Um die Rollenbeschreibung des Pädagogen. Und um die Zukunft des Unterrichtens.

Völlig zu Recht natürlich, dass man dabei den Bruder Leichtfuß und seine Gefährten – den Kasper, den Träumer, den Clown, den Spinner und den Blödelmann – dass man diese Ausgeburten der Nichteffizienz derart geringschätzt und ignoriert und vornehm belächelt --- geht es doch um die Effizienz und die Berufs- und Markthaltigkeit des Unterrichtens, wenn die REFA-Experten bedächtig ihre Köpfe schütteln und die für die neoliberale Arbeitsmarktzurichtungsdressur zuständigen Theoretiker der Pädagogik mit ihren BIP- und Exportpeitschen wedeln; fürwahr, es ist ein Bild des Jammers, das deutsche Schulen derzeit bieten, wenn es gilt, möglichst mustergültige Akteure für eine *marktgerechte Demokratie* zu rekrutieren; es ist beklagenswerter denn je, dass aus den bundesdeutschen Schulchören noch immer nicht unisono die Prämisse der *unreflektierten Leistungsbereitschaft* erschallt, sondern sich gelegentlich und noch immer Misstöne beimischen, die Unflätigkeiten und Ungeheuerliches wie *Mündigkeit* und *Emanzipation* zu flöten wagen; es ist, kurz gesagt, noch immer nicht vollständig gelungen, die Renitenz einiger kritischer Geister zum Verstummen zu bringen, in deren abstruser Vorstellungswelt das *Individuum* und dessen *Bildung* als Leitbild aller pädagogischer Ziele und als gleichermaßen ewiggestriges und hinterwäldlerisches Gedankengut herumschwirren...

Ein so weiter Weg aus diesen wirren Gedankengängen eines unverbesserlichen Idealisten und notorischen Nostalgikers ist es gar nicht, wenn man nun nach *Osnabrück* gelangen möchte. *Nach Osnabrück,* fragt sich jetzt der theoriegestählte und fußnotenbeflissene Bildungsdenker, wieso *Osnabrück? Da fällt mir außer Remarque und dem Dreißigjährigen Krieg nicht viel ein, vielleicht noch Friedensstadt und die Bremer Brücke und der entflammte Pele Wollitz, gut, aber sonst -?*

In meinen seligen Referendariatszeiten hatte ich die frühreif-freche Behauptung aufgestellt, dass man von einer guten Unterrichtsstunde nur dann sprechen könne, wenn zumindest einmal währenddessen gelächelt worden sei, und es gibt heute – in der Gegenwart meines ergrauten Pädagogenalltags keinen Grund, das Gegenteil zu behaupten. *Nur ja keinen Erwachsenen aus sich machen lassen,* sang der listige Peter

Rühmkorf in seinem unnachahmlichen *Niederen Hohelied* – und er hatte damit völlig recht. Auch wenn es für manche Zeit- und Leidensgenossen ein wenig fruchtbarer, ein geradezu verstörender Gedanke sein sollte: Es gibt einen bestimmten Phänotyp des Erwachsenen, einen gereiften, verantwortungsbereiten, pflichtbewussten und trotzdem (oder gerade deswegen) enthusiastischen Lehrkörper, der dennoch (oder: gerade deswegen!) den Unterricht auch dazu nutzt, um einmal hemmungslos mit den Schülerinnen und Schülern herumzublödeln; der mit unkonventionellen und unorthodoxen Methoden völlig abseits der gängigen Effizienztrampelwege und Utilitarismuspfade entlang schlendert; und der sogar Freude am Lachen (und damit vielleicht auch: Freude am Leben) als seriöses Lernziel praktiziert --- also bitte, Herrschaften, *aufgemerkt nun also*: Es gibt kein Naturgesetz, das uns auferlegt, immer griesgrämiger und verhärmter, immer konformer und blasser und unlustiger zu werden, je mehr Lebensjahre/Lehrerjahre wir so angehäuft haben. Oder wie es Albert Schweitzer einst so einleuchtend formulierte: *Die Jahre lassen die Haut runzeln. Aber wer seinen Enthusiasmus aufgibt, dem runzelt die Seele.* Eine Einsicht, die, so meine ich, auch und besonders für die Pädagogenzunft gelten sollte.

In dem wunderbaren Film *Der Club der toten Dichter* ermuntert der großartige Mr. Keating (der ebenso großartige Robin Williams) seine Schüler dazu, die gruselig-formalistischen Einleitungsseiten eines die Lust an

Gedichten präzise tötenden Lyrik-Lehrbuches fröhlich herauszureißen, was die Eleven – zunächst zögernd? dann unbeholfen?? und schließlich begeistert! (der Mensch als Herdentier) denn auch tun --- und beim Hinausgehen fragt ein Schüler den anderen (ein Bild für die Ewigkeit), ob das nun in der nächsten Stunde wohl *abgefragt werden* würde-: das ganze Drama des allein zum Gehorchen und Funktionieren erzogenen Schülersklaven sozusagen in einer einzigen Filmszene eingefangen... nebenbei: ich plädiere energisch dafür, dass die Kenntnis dieses hingebungsvollen Kinofilms künftig Voraussetzung sein sollte für die Gestellung eines Lehrerdiploms – *schön und gut,* murrt nun der Theoretiker, *alles schön so weit, aber wie in Dreigottesnamen kommen wir denn nun nach Osnabrück-?*

Nach Osnabrück kommt man, so meine ich, am besten, indem man noch etwas Vorosnabrückisches einflechtet. Etwas, das mit Osnabrück so viel zu tun hat wie der Titel eines deutschen Fußballmeisters mit dem leibhaftigen VfL. Mit anderen Worten: auf ziemlichen Umwegen...

Zum Beispiel mein Holzhandy. Mein wunderschönes, buntes und völlig unnützes Handy aus Holz, das Geschenk einer reizenden Referendarin mit leider gleich zwei Ehegatten, einem real-spießigen Bio-Horst nämlich mit Tofu-Gesinnung und allzeit wirksamen und geradezu trompetenhaft organisierten Weltverbesserungsgenen --- und mit: Rudolf Steiner. Jedenfalls schenkte mir besagte Steinerjüngerin eines Tages das besagte Holzhandy. Und was veranstaltet unser Pädagoge damit-? Natürlich: Unsinn. Höheren Unsinn natürlich. Selbstverständlich pries ich angesichts der ständig an ihren Handys herumfummelnden Schülerinnen und Schüler die Vorzüge meines einzigartigen Naturutensils und brachte es auf Drängen der Schülerschaft sogar einmal mit in den Unterricht. Von meinen Zöglingen nur müde belächelt, bat ich einen von ihnen um seine aktuelle Handynummer, die ich sogleich mit dem Zeigefinger auf die bunten Holzperlen meines Spielzeugs tippte. Worauf erst einmal – nichts geschah. Ich schaute meine Schützlinge kurz an und führte dabei aus, dass die *Tastatur* leider manchmal *ein bisschen klemme*, drückte erneut die Zahlen ein --- worauf das Handy des Schülers plötzlich zu bimmeln begann. Fassungslose Mienen, haltloses Staunen, fast schon entsetztes Raunen und Blicke wie Kühe auf Grasentzug, und in Gedanken tadelte ich meine Kollegin, die unten im Lehrerzimmer die vereinbarte Anklingelzeit um eine Minute überschritten hatte…

Es würde sich jetzt vielleicht sinnvoll anhören, wenn ich nun ausführte, dass wir anschließend ein kritisch-gehaltvolles Gespräch über den Gebrauch von Handys und über die Folgen einer zu intensiven Beschäftigung damit geführt und sogleich noch die Zusammenhänge mit Lernprozessen erörtert hätten. Fairerweise muss ich gestehen, dass ich mich – nach doch schon einigen Jahrzehnten – nicht mehr an den weiteren Verlauf dieser Stunde erinnern kann. Möglicherweise haben wir einfach *nur* miteinander gelacht und dann den Unterricht fortgesetzt. Auf jeden Fall aber lachten wir herzhaft *miteinander*, was wohl nicht gerade schlecht für das weitere Lernklima gewesen sein dürfte (und wem auch das noch zu nebulös und unangemessen klingt: *ich* zumindest war während dieser Stunde allerbester Laune; und wenn man an die Prämisse glaubt, dass keine Lehrkraft eine Art Naturrecht auf eine dauerhaft misslaunige Stimmung hat und kein Schulkind die natürliche Pflicht, eine solche klaglos hinzunehmen, dann wäre doch zumindest dieser Vorfall eines Pluszeichens wert im *Handbuch des qualifizierten Pädagogen*) ---

Kam dieses Dings da, dieses Holzhandy, kam das vielleicht aus Osnabrück, fragt ungeduldig der Theoretiker, *denn ich verstehe immer noch nicht...* - Selbstverständlich verstehst du das nicht. Fast fürchte ich, dass du das vielleicht niemals wirst verstehen können. Denn an dienem Gesicht ist deutlich abzulesen, dass du die geschilderte Szene überhaupt nicht nachvollziehen kannst, dass es dir dafür (als einem Nur-Theoretiker und als einem Null-Praktiker) ganz elementar an Phantasie und an Humor gebricht. An Einfühlungsvermögen. An einem Gefühl für die Bedeutung von Gemeinschaft. An die befreiende und Zusammengehörigkeit fördernde Kraft des kollektiven Lachens. Und dass du vor lauter Sinnfragen und Stirnrunzeln und Bedeutungshubern erst gar nicht wirst wahrnehmen können, was hier gerade geschehen ist, hier auf dem Weg nach Osnabrück... - Vielleicht sollten wir an dieser Stelle besser abbrechen und unser Reiseziel modifizieren. Vielleicht wäre es besser, *Osnabrück* möglichst weiträumig zu umfahren. Wir könnten natürlich auch...---

Nun gut: Ich gebe dir ein anderes Beispiel, noch etwas Präosnabrückisches, das dir vielleicht die Augen öffnen könnte. Im Rahmen einer GL-Einheit zur *Industriellen Revolution* sollte vor vielen Jahren in einer Stunde die *calvinistische Erwerbsethik* als wegweisend für diesen Prozess erarbeitet werden. Hierzu verteilte ich eingangs an die Schülerinnen und Schüler sechs nummerierte Briefumschläge und bat sie, diese erst dann zu öffnen, wenn ich es ihnen aufgetragen hätte. Daraufhin besprach ich (zur Steigerung der *kognitiven Spannung*) noch einige formale Dinge und forderte dann den ersten Schüler auf, seinen Briefumschlag zu öffnen und laut zu lesen, was auf dem darin liegenden Zettelchen stand. *Gehen Sie bitte an die Tafel und schreiben Sie das folgende Wort: „Gulaschsuppe".* Das folgende Brieflein enthielt die Weisung: *Fordern Sie bitte einen der hier Anwesenden auf, den Namen seiner Lieblingssuppe auszusprechen.* Nachricht Nummer drei intendierte so etwas wie einen Erkenntnisprozess: *Fragen Sie bitte eine Person Ihrer Wahl, ob Sie weiß, was das Ganze hier soll.* Hingegen war mit Brief Nummer vier wieder eine ganz andere Aktionsform anbefohlen: *Gehen Sie bitte an die Tafel und entfernen Sie das Wort „Gulaschsuppe". Ersetzen Sie es bitte durch das Wort „Minestrone".* Der anschließende Zettel wiederum dürfte die Verwirrung der Schülerschaft (unter Zuhilfenahme eines Alter Ego des Kabarettisten Hanns Dieter Hüsch) noch einmal deutlich gesteigert haben: *Wie Ihnen sicherlich bekannt ist, wurde Hagenbuch seinerzeit von Uta von Innsbruck zu einer Genesungssuppe gebeten, die ihm nicht sonderlich geschmeckt hatte. – Aber wissen Sie auch, in welchem Flughafenrestaurant Hagenbuch damals einen Brathering mit einer Laufzeit von 32 Jahren essen und bezahlen wollte?* Der letzte Brief wiederum verlangte eine besonders deutliche Artikulation vom Adressaten: *Bitte lesen Sie: „Ich darf mir die Bemerkung erlauben, dass es mir am letzten Donnerstag viel Spaß gemacht hat, mit Ihnen zu arbeiten. Sie sind ein insgesamt sehr netter Kurs. Gez. Manfred Back".*

Und bevor Sie nun einwenden, dass hier ein etwas kauziger Pädagoge nur einmal habe beweisen wollen, was für ein toller Hecht er doch sei, ein höchst origineller und einfallsreicher Zeitgenosse, der mit seltsamen Scherzchen um die Zuneigung seiner Schutzbefohlenen buhlte – nun, das vielleicht auch (ich war damals noch Referendar). Im weiteren Verlauf der Stunde sprachen wir jedenfalls über Sinn und Unsinn des gerade erlebten Briefprojektes, ich beschrieb den Schülerinnen und Schülern mein Vergnügen daran, mir vorher ihre entsetzten Gesichter vorzustellen, ihre Fassungslosigkeit und meine damit verbundene Freude: um dann die Frage zu stellen, was Max Weber wohl zu diesem etwas eigensinnigen Einfall gesagt hätte. – Vielleicht bin ich hier etwas zu optimistisch gewesen, zu leichtfertig auch, aber ich konnte mich des Eindrucks nicht erwehren, dass sich der Kurs nun noch einmal ziemlich engagiert und motiviert mit dem als Hausaufgabe zu bearbeitenden Text von Max Weber auseinandersetzte. Insbesondere wurde im Zusammenhang mit Calvins *Prädestinationslehre* die Tugendhaftigkeit der Lebensführung und die strikte Vermeidung von Prunk, Genuß und Vergnügen als essentiell für die Arbeitsmoral in der Industrialisierung herausgearbeitet (und dass das haltlose Späßchen des Pädagogen Back diesem somit die Note *Ungenügend* in Calvins Notenbuch eingebracht hätte). - Und wenn dieser Eindruck nur Ausdruck einer als angenehm erlebten Selbsttäuschung gewesen sein sollte? Nun, dann wäre das eben so, zumindest aber wurde in dieser Stunde doch einige Male herzhaft geschmunzelt und gelacht...

Das hat mir jetzt nicht wirklich geholfen, wendet der Theoretiker spitz ein, *und der Osnabrücker Bezug ist noch immer....* – Also dann, auf nach Osnabrück! Ich spielte damals, als ich eine neue fünfte Klasse als Klassenlehrer zu übernehmen hatte, privat recht begeistert ein Fußballsimulationsspiel am Computer, *Anstoß action* genannt, ein seinerzeit doch recht altmodisches und technologisch schon lange überholtes Produkt, das mir aber den Vorzug bot, mittels einer *Editor*-Funktion Vereine und Spieler beliebig und eigenmächtig zusammenzustellen... Um es kurz zu machen. Meine Schülerinnen und Schüler mutierten zu virtuell kickenden Angestellten des *VfL Osnabrück*, in dessen Diensten sie in einer Zweiten Bundesliga auf Punktejagd gingen. Jeden Montag in der ersten Stunde

fragte mich also meine Klasse nach Ergebnis und Verlauf ihrer ballsportlichen Anstrengungen, und so schlug ich mein Brunnenheftchen auf, gab das Ergebnis des Wochenendes bekannt, nannte die Torschützen und die tabellarische Konstellation sowie besondere Vorkommnisse. Dazu zählten natürlich auch Verwarnungen und Roten Karten und deren Ursachen als auch schwerwiegende Verletzungen und Sperren...
- Ich darf sagen, dass diese Kinderei allgemeinen Anklang fand und häufig Heiterkeit auslöste, etwa wenn Amina eine schmerzhafte Adduktorenverletzung zu beklagen hatte, Kevin wegen Schiedsrichterbeleidigung des Feldes verwiesen wurde oder aber Tarik gleich zwei Eigentore produziert hatte; und dass hier neben ziemlich häufigem Gelächter auch eine Form der Gemeinschaft entstanden war, die sowohl dem Lernen als auch dem Umgang mit durchaus auch krisenhaften Situationen durchaus zuträglich war...

Mein Theoretiker schweigt. Ich fürchte, dass ihm dieser etwas umständliche Ausflug nach *Osnabrück* kaum weiterführende Erkenntnisse beschert hat. Nun denn. Nicht alle Wege führen nach *Osnabrück*... Für mich zumindest hat es sich als ebenso erforderlich wie richtig erwiesen, dem Humor (über dessen Qualitäten man ja durchaus streiten kann) und der Ironie eine große Bedeutung in meinem Pädagogenalltag einzuräumen (zumal ich mir auch gar nicht vorstellen könnte, auf diese beiden Zauberer bewusst zu verzichten). Zudem habe ich gelernt, dass es auch andere, unkonventionelle und von mir aus auch sehr eigensinnige methodische und didaktische Wege geben kann, die, zugegeben, niemals Eingang finden würden in einem beliebigen *Pädagogen-Handbuch* – und die sich (wie soll ich sagen) den angestrebten Erkenntnisgewinnen und Lernzielen nicht immer in den Weg stellen. Dabei habe ich niemals die Behauptung aufgestellt (und so etwas auch nie an meine Schützlinge weitergegeben), dass das Lernen an sich immer mit Spaß verbunden sein müsse. Im Gegenteil: Lernen ist oftmals sehr anstrengend, ist mühevoll und verlangt ziemlich viel Energie und Durchhaltevermögen. Lernen heißt, sich auf unbekannte Wissens- und Erkenntnisgebiete zu begeben und sich dort zu orientieren üben. Lernen heißt, über die eigenen Grenzen hinauszugehen. Lernen verlangt vom Heranwachsenden, für den Kampf gegen die inneren Schweinehunde zu trainieren. Lernen verlangt von der Lehrkraft, sich bei seinen Eleven auch einmal unbeliebt machen zu müssen, ihnen etwas aufzubürden, ihnen etwas zuzumuten. Pädagogen, die diesen Prozess geradezu zwanghaft als spaßige Nummer anbieten und als großes Vergnügen anpreisen und dabei die mit ihm verbundenen Anstrengungen ausblenden, sollten besser im Holzhandel Beschäftigung suchen, um dort besonders dünne Bretter zu bohren. Und vielleicht zeichnet eben dies den guten Lehrer aus: dass er beim Lernen mit seinen Schülerinnen und Schüler zwar eine ausgesprochene Spaßbremse sein kann, aber dennoch (oder gerade deswegen) in seinem Verhalten und Auftreten im Klassenraum als jemand agiert, für den Humor, Ironie und Eigensinn nun wirklich keine Fremdwörter darstellen.

Mein Theoretiker schweigt noch immer. Es ist anzunehmen, dass er es mir auch nicht recht glauben würde, dass zwei Jahre danach das *Deutsche Turnfest* hier bei uns in Frankfurt veranstaltet worden ist. Und dass unser Klassenraum ausgerechnet von jungen Turnern aus... *Osnabrück* belegt wurde.

Gruß nach vorn

Lieber Schuldirektor 2051-!

Durch irgendeinen Zufall kramst du in deiner Bibliothek, findest diesen Band, stutzt und liest.
Guten Tag.
Ich bin sehr befangen. Wie ich hörte, leitest du eine Schule, eine dieser staatlichen Zwangsanstalten, in welchen – und schon beginnen meine Schwierigkeiten, und ich bekomme feuchte Hände. Denn von meinem Zeitdorf aus, mit seinem begrenzten Horizont, kann ich nicht beurteilen, ob die Schule deiner Zeit überhaupt noch eine Einrichtung ist, für die der Staat zuständig ist. Ist das noch so-? Dass sich die staatliche Gemeinschaft für die Bildung und Erziehung von jungen Menschen verantwortlich fühlt? Und (unter uns): über das dafür nötige Kleingeld verfügt?

Ja-? Na schön. Da bin ich doch halbwegs beruhigt. Weil, weißt du, zu meiner Zeit, da wird immer behauptet, dass die Bildung unser wichtigster Rohstoff sei, die *Bildungsrepublik Deutschland,* in jeder Sonn- und Feiertagsrede sagen sie das, unaufhörlich... --- und in der Praxis, da verwalten wir meist nur den Mangel und sehen vor lauter Schlaglöchern schon keine Straßen mehr...
Erst gestern habe ich gelesen, dass ein global tätiger Konzern bereits zum fünfzehnten Mal keine Steuern mehr gezahlt hat, dank gewiefter Steuerberater, keine

Steuern trotz gewaltiger Umsätze, und statt sich schamhaft zu verstecken, brüstet man sich damit noch und belächelt die Naivität der anderen, der ehrlichen und anständigen, die sich als Teil einer Gemeinschaft verstehen. Immer mehr Mikro statt Makro, BWL statt VWL, Eigennutz statt Gemeinsinn, das ist der neoliberale Generalbass meiner Zeit...

Habt ihr dieses Problem gelöst? Ja? Also, ich weiß ja nicht: jede Epoche empfindet sich doch als etwas Besonderes, etwas Einmaliges, und ich habe keinen blassen Schimmer, was euch so umtreibt. Erst letzte Woche zum Beispiel, da haben wir bei uns einen Schulleiter und seinen Stellvertreter pensioniert, die ja schon ein bisschen schräg gewesen sein müssten, durch deine Brille besehen. Die hatten noch so furchtbar altmodische Vorstellungen von der Schule, von einer Institution, in der Fairness und gegenseitiger Respekt und soziale Gerechtigkeit eine große Rolle spielen. Zwei sind das, die am liebsten – da bin ich mir ziemlich sicher – die am liebsten einen Rettungsschirm für die Jugend aufgespannt hätten, am besten für ganz Europa, statt immer nur zuzusehen, wie sich die neoliberalen Teufel auf ihre Haufen setzen und...
Aber ich rede mich ja in Rage hier, Gottchen, und weiß gar nicht, ob du überhaupt weißt, wovon ich gerade gesprochen habe. Das kennst du ja alles vielleicht gar nicht mehr, Begriffe wie *soziale Gerechtigkeit* und *Chancengleichheit*... - Wir haben uns doch schon ganz schön voneinander entfernt, du und ich, und ich mag

das gar nicht, wie du nun auf mein Zeitdorf pustest und den Staub aus Jahrzehnten aufwirbelst und von oben auf mich herabblickst. Und höchstens, wenn ich Namen nenne wie etwa *Humboldt* oder *Pestalozzi* oder *Rousseau* oder *Erich Kästner*, dann schaust du ein bisschen verwirrt und rufst nach deinem REFA-Experten… Alles an mir erscheint dir altmodisch, auch, dass wir unsere Schüler noch mit Namen anreden und nach ihrer Meinung fragen und sie mitbestimmen lassen --- ah, klopf mir nicht auf die Schulter, das habe ich nicht gern. Vergeblich will ich dir sagen, wie wir es gemacht haben, wofür wir gebrannt haben, und wie es gewesen ist-: nichts.

Dabei weiß ich so gar nichts von dir. Kann man dich zum Beispiel mit den beiden vergleichen, die jetzt in den Ruhestand… ich meine, die zwei, die waren die Vorgesetzten ihrer Pädagogen – und ich weiß ja gar nicht, wie man das bei euch so bezeichnet.
Sind das deine *Lehrer*? Oder wie nennt ihr sie? Optimierungstrainer? Motivationsgeneratoren? Hominidalbeauftragte? Ressourcenteilbegleiter? Oder gar: Lehrbuchhalter? Zerebralmoderatoren? Vielleicht nur noch: Papiertiger??
Bei uns nämlich, da glauben viele, das bisschen Unterricht kann jeder Dödel, etwas Fachwissen, ein Fitzelchen Methodenschulung, viel Schulrecht, und schwupp-: ist aus der Kunst des Unterrichtens eine Verwurstungstechnik geworden und aus den Kerzen des Volkes die Funzeln des Pöbels…

Da, du lächelst mich aus, vorbei, wir können nicht miteinander ins Gespräch kommen. Soll ich dir sagen, was die Leute in meinem Zeitdorf bewegt? Pisa-Studie? Klimaerwärmung? Dschungelcamp? Der kleine Prinz? Der große Konz? Geländewagen? Gewaltprävention? Steueroasen – du bläst auf alles, der Staub wirbelt meterhoch, und du kannst gar nichts mehr erkennen.

Soll ich dir Schmeicheleien sagen? Ich kann es nicht. Selbstverständlich habt ihr die wirklich drängenden Fragen nicht gelöst. Solche Fragen werden ja von der Menschheit nicht gelöst, sondern liegengelassen. Wahrscheinlich habt ihr für das tägliche Leben fünfhundert nichtige Maschinchen mehr als wir. Wahrscheinlich serviert ihr den *Faust* als Fünf-Minuten-Terrine, statt Leselust zu entfachen. Sicher versteckt ihr eure Lehramtsstudenten in zwei Dutzend Modulen, statt sie frühzeitig und nachhaltig…

Aber es ist sinnlos. Ganz sinnlos. Wir verstehen uns einfach nicht, du und ich. Ich kann nicht einmal über die Köpfe meiner Zeitgenossen hinweg ein erhabenes Gespräch mit dir führen, so nach der Melodie: wir beide verstehen uns schon, denn du bist ein Fortgeschrittener, gleich mir. Ach, mein Lieber: auch du bist ein Zeitgenosse. Auch du steckst bis zum Halse in deiner Gegenwart. – Na, lassen wir das.

Vielleicht das noch: Ich würde mir wünschen, dass du

die Schüler, die man dir anvertraut, als etwas Einmaliges wahrnimmst. Und auch so behandelst. Als etwas, was es nur einmal gibt. Und bitte nicht – das werden unsere künftigen, unsere doch sehr rüstigen Pensionäre vielleicht bestätigen können – aber bitte nicht als Nummern für den Arbeitsmarkt. Als Dutzendgesichter. Als *arge* Karteileichen. Als... - Aber vielleicht ist das ja wenigstens in eurer aktuellen Pädagogik übriggeblieben. Vielleicht habt ihr das hinüberretten können, das wäre doch schon etwas. Dass die Demokratie nur funktionieren kann, wenn man die Menschen auch ernst nimmt. Dass man die Menschen nur ernst nehmen kann, wenn man sie mit Würde behandelt. Und dass die Würde auch etwas mit dem Geldbeutel zu tun hat. Denn bei uns – das sage ich dir im Vertrauen – bei uns reden sie schon ernsthaft vom *Humankapital* in einer *marktgerechten Demokratie*.

Das war jetzt ein bisschen dunkel. Es tut mir leid, dass ich dir keinen Schenkelklopfer präsentieren kann. Das tut mir leid, war aber notwendig. Aus meiner Sicht. Ich hoffe, du kannst das verstehen.

Ja, die Hand will ich dir noch geben. Wegen Anstand.

Und jetzt gehst du. Jetzt gehst du wieder in deine Schule und gehst dort deinen Aufgaben nach. Hoffentlich ist dabei auch etwas Leidenschaft im Spiel. Ein paar Funken. Und Herzblut. Viel Herzblut.

Denn sonst könntest du auch Jogurtbecher bedrucken. Dir flotte Werbesprüche ausdenken. Oder gleich in der

Flaschenannahme arbeiten…

Von Kurt Tucholskys gleichnamigem Text inspirierte Rede zur Verabschiedung des damaligen Schulleiters und seines Stellvertreters (2013).

Vertretungsstunde I

Der Hans mit seiner frechen Gans

Da vorne läuft der kleine Hans,
an seiner Seite seine Gans.

Die Gans war faul wie du und ich
und sprach: „Ach, Hänschen, bitte trage mich!"

Der kleine Hans war dumm wie Stroh
und hebt das Gänschen in die Hoh.

Nun läuft und schwitzt der kleine Hans
und obenauf: die faule Gans.

Die Sonne kam, der Tag ward heller;
da rief die Gans: „Hopp, Hänschen, schneller!"

Das arme Hänschen schwitzt und rennt,
derweil die Gans auf Hänschen pennt.

So schleppt das Hänschen seine Last
bis in die nächste Ortschaft fast.

Und Schweiß läuft jetzt schon literweise
und Hänschen denkt: „So läuft das scheiße"

und schleppt die Gans mit letzter Kraft
zum Schlachthof (gleich ist es vollbracht).

Dort haucht man ihr das Lichtlein aus
und macht aus ihr `nen Festtagsschmaus.

Da vorne läuft der dicke Hans,
in seinem Bauch die faule Gans.

*Dieses Gedicht ist während des gemeinsamen Schreibens in unserer
Schreibwerkstatt entstanden (Sommer 2009)*

Im Laufrad

Schon ein etwas genauerer Blick in eine anspruchsvollere Tageszeitung mag genügen, um zu verstehen, dass die Verknüpfung des Digitalisierungsprozesses mit der Ideologie des Neoliberalismus den Menschen nicht nur Freude zu bereiten scheint. Zumindest nicht allen oder doch wenigstens einer Mehrheit.

Die tiefgreifenden Veränderungen, die sich im *Digitalen Zeitalter* in nahezu allen gesellschaftlichen und ökonomischen Bereichen, insbesondere aber auch im zwischenmenschlichen Kommunikationsverhalten mit noch unabsehbaren Folgen zeigen, werden in Wissenschaft und Forschung durchaus ambivalent bewertet. So bieten sich vor allem durch die revolutionären Innovationen des Computers und des Internets zwar einerseits ungeahnte positive Möglichkeiten für den Einzelnen, zum Beispiel mit seinen auch fernab lebenden Mitmenschen schnell in Kontakt treten zu können (unabhängig etwa von hohen Telefon- oder Reisekosten), sein Wissen auch via „Wikipedia" ständig zu erweitern (zumindest teilweise losgelöst von seinen sozialen Zugangsvoraussetzungen zur Bildung) oder kulturelle Kostbarkeiten über „You Tube" zu genießen (ohne z.B. zu einem teuren Konzert fahren zu müssen). Andererseits scheint die alte „analoge Welt" zunehmend einer virtuellen Realität zu weichen, die offenbar zu einer größeren Isolation vieler Menschen führt, zu einer künstlichen Wirklichkeit, die immer stärker als Surrogat des „wirklichen Lebens" oder sogar gleich als solches aufgefasst wird – mit weitreichenden Konsequenzen auch für das, was wir als die Identität des Individuums bezeichnen können.

Um – gerade als technischer Laie - auch nur ansatzweise erfassen zu können, was eine solche Innovation für unser jetziges und künftiges Leben bedeuten kann, sollte man sich klarmachen, in welcher Rasanz sich diese Veränderungen vollziehen (deren Anfänge tief im 19. Jahrhundert wurzeln, etwa in der Erfindung der Braille-Schrift oder des Morsens). So haben Untersuchungen ergeben, dass 2007 etwa 94% der weltweiten technologischen Informationskapazitäten bereits digital gespeichert waren; nur 14 Jahre zuvor waren es nicht einmal 3% gewesen. Seit man vom *Digitalen Zeitalter* spricht, seit 2002 also, waren erstmals mehr Informationen digital statt analog erfasst.

Was das genau bedeutet bzw. welche Folgen das mit sich gebracht hat, lässt sich möglicherweise auch für den Informatiker oder technologisch Gebildeten nur schemenhaft erahnen. Die Dynamik aber dieser Transformationen erschließt sich, so denke ich, auch mühelos dem Laien, ebenso wie das Revolutionäre dieses Prozesses.

Korrelationen zwischen dieser Revolution und dem fortschreitenden Narrativ des Neoliberalismus zu sehen mag – ausgehend von der Komplexität beider Vorgänge - sicherlich etwas bemüht wirken. Vielleicht hilft hier die Vorstellung weiter, dass man sich die Digitalisierung auch als eine Art „Werkzeug" zur Durchsetzung neoliberaler Ideen vorstellt. Während Letztere vor allem darin bestehen, eine angebotsorientierte Privatisierungsideologie zu forcieren, einen Primat individueller ökonomischer Interessen gegenüber dem Gemeinwohl und eine Überbetonung des (vor allem wirtschaftlich verstandenen) Freiheitsstrebens gegenüber dem Leitbild einer sozialen Gerechtigkeit, liefert die digitale Revolution hier sozusagen das technologische Rüstzeug.

Zieht man eine Zwischenbilanz des Neoliberalismus, so lässt sich seit Thatcherismus und Reaganomics konstatieren, dass die Ungleichheit weltweit in starkem Maße zugenommen hat. Durch die vor allem durch Steuervergünstigungen forcierten vermeintlichen Investitionsanreize bei gleichzeitigem Rückgang der Löhne, aber auch durch eine weitgehende Befreiung des in Produktionsprozesse gar nicht mehr eingebundenen Kapitals und eine mangelnde Kontrolle des sogenannten Kasino- oder Finanzkapitalismus hat sich eine schamlose Wegelagerermentalität breitgemacht, ein Raubtierdenken, das dem alten rheinischen Unternehmertum, den Grundzügen einer *Sozialen Marktwirtschaft* und dem Gedanken einer „Sozialpartnerschaft" Hohn spricht und der Mehrzahl der Menschen überwiegend Nachteile beschert hat, etwa das Postwesen betreffend, die medizinische Versorgung, die Bildung oder die Mobilität – so zumindest mein Eindruck. Vor allem aber hat diese Ideologie zu einer Verkümmerung des Staatswesens geführt, was sich in schadhaften Straßen (und deren ausbleibenden Reparaturen) ebenso zeigt wie in der Stellensituation bei der Polizei oder im Rechtswesen – und natürlich auch in der Bildungspolitik oder genauer: der Bildungswirklichkeit.

Ist es bloßer Zufall, dass der Beginn des *Digitalen Zeitalters* (auch im Dienste des Neoliberalismus) und die erste internationale „PISA-Studie" (2000) fast zeitgleich zu datieren sind? Diese Studie hat nach meinen Beobachtungen in Deutschland zu einer Art Dauerhysterie geführt, begleitet von einem stetig wachsenden Erregungsdiskurs und mündend in einer mitunter reflexhaft und ohne Sinn und Verstand durchgeführten (besser: verordneten) Reformorgie.

Auch wenn einige dieser Schulreformen durchaus vernünftig erscheinen – etwa jene, wonach ein Haupt- und Realschulabschluss in Gesamtschulen erst durch eine Abgangsprüfung zertifiziert wird – trotz solcher Verbesserungen haben die Reformen in ihrer Mehrheit zu in mehrfacher Hinsicht negativen Ergebnissen geführt.

Abgesehen davon, dass die an die Schulen gestellten Anforderungen stetig zugenommen haben und die Belastungen für die Lehrkräfte Jahr für Jahr unverhältnismäßig stark angewachsen sind (teilweise sogar mit Nullrunden in der Alimentierung) und sich die Schulen - zumindest die in den *sozialen Brennpunkten* – zunehmend nicht mehr als staatliche Einrichtungen verhalten dürfen, sondern eher wie privatwirtschaftlich

organisierte Betriebe den Gesetzen einer utilita-
ristischen Rentabilität unterworfen werden (was sich
vor allem in den schrumpfenden Schülerzahlen doku-
mentiert, bei denen vor allem die *Brennpunktschulen*
um ihr Überleben kämpfen müssen): abgesehen von
diesen „Petitessen" springt vor allem der Zurichtungs-
und Dressurcharakter ins Auge, dem die Schulen -
fast schon im Wilhelminischen Sinne - zu gehorchen
haben: der Produktion von möglichst kritik- und mei-
nungslosen Arbeitnehmern in spe, *Funktionsäffchen,*
wie es Ralf Lankau in seinem Buch „Kein Mensch
lernt digital" genannt hat, die ihren Lebenszweck vor
allem in den Gesetzen der Funktionalität auf dem Arbeitsmarkt zu sehen haben. Dass damit sowohl die
Humboldtschen Ideale als auch die Leitgedanken des
emanzipierten und mündigen Bürgers geopfert werden
– nun, das ist eben so.

Beispiele gefällig (für diese maßlosen Anwürfe)? -
Bitte schön. Statt den Bildungsprozess (zumindest
auch) als eine Erziehung zur Individualität aufzufassen
und dabei die künftige Mündigkeit der Zöglinge als
vornehmstes Ziel im Blick zu haben, ihre Bildungs-
progression, das Einüben und Trainieren ihres
Denkens und Nachdenkens, ihre Selbstständig- und
Kritikfähigkeit, werden oftmals bereits ab der Klasse 7
in Gesamt- , Haupt- und Realschulen sogenannte
Kompetenzfeststellungsverfahren durchgeführt: mit einem
enormen (auch zeitlichen) Aufwand verbundene und
im Team zu lösende Bastel- und Konstruktionsaufga-

ben (wie etwa das gemeinsame Errichten eines „Luft-ballonturms" oder einer „Murmelbahn"), an deren Ende eine schriftliche und mit Schülern und Eltern zu besprechende Auswertung anberaumt wird, in deren Mittelpunkt dann später beruflich einsetzbare Fähig-keiten, sogenannte „soft skills", stehen. Dieses per Erlass angeordnete Verfahren legt sogar administrativ nahe, dass im Auswertungsergebnis *ausschließlich* positive Aspekte genannt werden dürfen.

Natürlich ist es sinnvoll, Schüler zunächst einmal zu ermutigen, statt sie als „Mängelwesen" bloßzustellen. Sicherlich gibt es gute pädagogische Gründe, das Mit-arbeiten in einer Gruppe zu fördern, den Team-gedanken also zu stärken. Nur: ist es nicht viel zu früh, das bereits bei 12- und 13jährigen mit deren Zukunft auf dem Arbeitsmarkt zu verbinden? Denn im selben Jahr müssen die Schüler auch noch ein einwöchiges Sozialpraktikum absolvieren – und werden zudem wieder aus ihrem Unterrichtsrhythmus gerissen.

Das ist aber noch gar nichts im Vergleich zu dem, was in der 8. Klassenstufe geschieht (zumindest an Ge-samtschulen, von denen wir hier sprechen). Neben dem dreiwöchigen Betriebspraktikum und einem zwei-wöchigen *Berufsorientierungsprogramm* gibt es Besuche von Arbeitsvermittlern und schulfremden Institutionen wie etwa „My finance coach", gibt es regelmäßige Treffen mit den Kooperationspartnern der Schule aus der Wirtschaft, mit Vertretern der „Agentur für Arbeit" etcpp. Aus Sicht der Lehrkräfte (also der Prak-tiker und Profis in Lernprozessen) wäre es vielleicht

viel wünschenswerter, eine feste wöchentliche Sprech-
stunde etablieren zu dürfen, um mit seinen Schülern
Gespräche über deren derzeitige Verfassung führen zu
können, über Probleme und Wünsche, die sie um-
treiben, über Lernprobleme, die sie belasten, über
Konflikte, die sie beschäftigen – echte pädagogische
Arbeit eben, eine Wurzel- und Basispflege als Grundlage für ein vertrauensvolles und wertschätzendes Miteinander und für das Initiieren von kontinuierlichen
und erfolgversprechenden Lern- und Denkprozessen,
statt permanent das Gefühl haben zu müssen, sich mit
den Schülern gemeinsam in einem Laufrad zu befinden, in dem vorwiegend ihre künftigen beruflichen
Optionen getestet werden. Nicht wenige Lehrkräfte
wünschen sich in diesem Zusammenhang denn auch
eine gänzlich andere Unterrichtspräferenz: die Rückkehr nämlich zum pädagogischen Kerngeschäft im
Rahmen einer Kontinuität des fachlichen Unterrichtens. Und ohne die ständigen Unterbrechungen,
die verhindern, dass man sich auch einmal ein-
gehender und tiefer mit einem Thema beschäftigen
kann, ohne ständig auf die Uhr und den Kalender
blicken zu müssen.

Im 9. und 10.Schuljahr schließlich werden neben der
Vorbereitung und Durchführung der Abschlussprüfungen noch Projekt- und Präsentationsprüfungen exa-
miniert, Berufsbildungsmessen besucht etcpp. Wobei
man hinzufügen muss, dass die an sich sinnvollen
Abschlussprüfungen sich inhaltlich und methodisch

zwanglos dem schon erwähnten Dressurcharakter anpassen. Gab es in der Deutschprüfung vor doch schon einigen Jahren noch als erstes Aufgabenformat die Aufforderung, einen literarischen oder Sachtext zu reproduzieren, d.h. ihn mit eigenen Worten in Form einer Zusammenfassung oder Inhaltsangabe wiederzugeben, so wurde dies ersetzt durch oft recht banale Multiple-Choice-Verfahren („Die Geschichte spielt an einem a) Montag, b) Mittwoch, c) Donnerstag oder d) Samstag") und viele enge und halboffene Aufgabenstellungen, mit Hilfe derer die Probanden ein Textverständnis als Ausweis ihrer *Lesekompetenz* zeigen sollen, das sich als eine Art systematisiertes Wiederkäuen und nicht als Ergebnis einer konzentrierten Textdurchdringung erweist; das erscheint mir nicht nur als ein Verfahren, mit dem das jeweilige Bundesland im *Ranking* mit anderen Bundesländern besonders gut abschneiden kann, sondern auch als Ausdruck einer fast schon als zynisch zu bezeichnenden Kognitionsdressur. Wobei man aber nicht aus den Augen verlieren sollte, dass eben genau diese früher auch an Haupt- und Realschulen noch trainierte Form des Leseverstehens (die Inhaltsangabe) im eventuell nächsten Bildungsschritt, dem Besuch nämlich einer Gymnasialen Oberstufe oder einer Fachoberschule, als gelernt und gekonnt vorausgesetzt wird.

Dieser Bildungsschritt betrifft natürlich nicht die Mehrheit der Hauptschüler und auch nicht die Mehrzahl der Realschüler; dass man aber *alle* Schüler einer *solchen* Abschlussprüfung unterzieht und diejenigen unter ihnen, die anschließend eine Gymnasiale Oberstufe besuchen möchten, derart im Regen stehen lässt, muss zumindest den empören, der jeden Schüler als je individuelles Wesen mit je individuellen Bedürfnissen, Zielen und Begabungen aufzufassen versucht. Das Lesen vor allem als einen Prozess aufzufassen, in dem gleichsam mechanisch und einer binären Systematik folgend dem vorgegebenen Text Informationen zu entnehmen sind, die dann in Form eines Suchbefehls vom Probanden wiedergegeben werden sollen, ist zudem eine Form der Verstümmelung eines sowohl kognitiven wie auch sinnlichen Vorgangs, den Marie von Ebner Eschenbach noch als *ein Wunder* bezeichnen durfte. Und es ist im Grunde genommen auch ein Akt der Beschämung, auch wenn das der Prüfling wohl ganz anders wahrnehmen wird.

Addiert man dies alles zu den bereits oben angedeuteten berufsorientierenden Maßnahmen (die ja nicht aufhören, sondern weiter forciert werden), so konstatiert man (so konstatiert es der Praktiker!) regelmäßig als Ergebnis des Unterrichtens, bis zu den Weihnachtsferien nicht einmal 50% des nominellen Fachunterrichts abgehalten zu haben. Weniger als 50%! Und dies regelmäßig! Das aber nenne ich (muss ich so nennen) eine kalte Transformation des Bildungsprozesses zu einem solchen des bloßen Funktionierens; des früheren Leitgedankens der Mündigkeit des Schülers zu einem offensichtlichen Apportierakt; und des schönen Berufs des Lehrers zu dem eines nüchternen Berufsberaters.

Gleichzeitig weiß man als aufmerksamer Zeitgenosse, dass sich Universitäten und Lehrbetriebe regelmäßig über eklatante Mängel vor allem bezüglich des Lesens, Schreibens und Rechnens beklagen. Wie diese Mängel aber zu beseitigen sein sollen, wenn der konventionelle Unterricht immer stärker dem zu weichen hat, was unter dem Etikett der „Berufsvorbereitung" firmiert, muss ein Rätsel bleiben. Noch einmal: Es erscheint sicherlich sinnvoll, Schüler schon früh mit dem zu konfrontieren, was sie später einmal in ihrem Berufsleben zu erwarten haben. Es ist plausibel, dabei auch auf ihre individuellen Stärken und Schwächen hinsichtlich eines künftigen Arbeitslebens einzugehen. Nur sollte dies mit Augenmaß und als differenzierter Prozess gehandhabt werden – und es sollte bedacht werden, dass Schule es den Schülern ermöglichen sollte, herauszufinden, was alles in ihnen steckt. Alles – „das heißt eine ganze Welt, nicht nur eine Berufskarriere" (Jürgen Kaube).

Wir begannen unsere kleine Betrachtung damit, dass wir zwei entscheidende Prozesse der Moderne – die Digitalisierung und den Neoliberalismus – zu beleuchten und dabei in einen Zusammenhang miteinander sowie mit der zeitgenössischen Pädagogik zu bringen versuchten. Dabei scheinen mir vor allem die Reibungsverluste am prägnantesten, die sich durch die Veränderungen vor allem der pädagogischen Prämisse der Mündigkeit sowie eines anderen (und angeordneten) Rollenverständnisses des Lehrers zeigen. Zudem muss es beunruhigen, wie sehr der traditionelle Fachunterricht einer Art „Berufskunde" gewichen ist. Darüber hinaus wäre es ebenso fruchtbar zu analysieren, mit welcher Vehemenz und mit welcher nahezu fatalistisch anmutenden Dringlichkeit die Verfechter der *Digitalisierung der Klassenzimmer* eben deren rasante Implementierung für die Zukunft unserer viel beschworenen *Bildungsrepublik* einklagen (erinnert sei in diesem Zusammenhang noch einmal an das vorzügliche Buch von Ralf Lankau, ergänzt durch die berechtigte Frage, wieso man konsequenterweise manche unserer Schulen nicht gleich als *Appleschule* bezeichnet hat, als *Google-* oder als *Microsoftschule*).

Als fast schon verschroben gilt in diesem Zusammenhang, wer inmitten dieses Beschwörungsfurors Nachfragen stellt, Forderungen differenziert oder gar Zweifel anmeldet: Lernen die Schüler der nahen Zukunft tatsächlich effektiver, indem eine Lernsoftware konzentrierte Unterrichtsgespräche ersetzt? Welche Konsequenzen hätte die weitgehende Substitution der konventionellen Tafel durch Whiteboards? Verbessern sich Lernverhalten und –ergebnisse dadurch, dass eine Lern-App an Stelle des instruierenden *Lehrervortrages* und des guten alten *Unterrichtsgespräches* tritt? Ist der sogenannte *Frontalunterricht* tatsächlich die Wurzel allen Übels (und sollte der Lehrer der Zukunft nur noch eine Art *Lerncoach* und *Unterrichtsberater* sein – und wenn ja: mit welchen Konsequenzen für die Lernprozesse der Kinder?) Und schließlich: gefährdet ein Lehrer, der seine Schützlinge vor allem zu einem erst angeleiteten (das ist sein Beruf!) und dann selbstständigen (das ist sein Arkadien!!) und am Ende kritischen Denken (sein Traumberuf in Arkadien!!!) ermuntern und trainieren möchte, gefährdet ein solcher Algorhythmen-Skeptiker und fast schon archaischer Nonkonformist --- den künftigen *Wirtschaftsstandort Deutschland-?*

Man kann in diesem Zusammenhang nur immer wieder auf das großartige Buch *Ist die Schule zu blöd für unsere Kinder?* von dem bereits erwähnten Jürgen Kaube aufmerksam machen. Darin zeigt Kaube in ebenso kenntnisreichen wie klugen und engagierten Analysen, was die meist unwidersprochene und unisono trompetete Forderung nach einer *Digitalisierung des Klassenzimmers* tatsächlich, in der Schulwirklichkeit von heute, beinhaltet und wohin sie führen könnte. Besagte *Digitalisierung* beschränkt sich ja nicht auf die technologische Aufrüstung der Schulen, sondern erfasst ja ebenso Fragen nach Lehrmethoden, didaktischen Grundlagen und der künftig für erstrebenswert gehaltenen Rollen der Schüler und Lehrkräfte im Bildungsprozess. Ganz wichtig scheint mir dabei in unseren unfassbar technikgläubigen und oft weitgehend kritiklosen und hündisch-affirmativen Zeitläuften, dass man vielleicht nicht mehr einfach nur blind zustimmt und - ohne sich zu informieren, ohne eigenes Nachdenken - stumm abnickt, was uns als *alternativlos* hinsichtlich einer Pädagogik der Zukunft angepriesen (und verkauft) wird:

„Der Eindruck, den die Schule von heute vermittelt,

ist der einer Einrichtung, die so sehr mit tatsächlichen und vermeintlichen Pflichten überhäuft wird, dass der Unterricht oft entsprechend pflichtschuldig erteilt wird, anstatt dass er den Verstand der Schüler erfrischt. Die Frage, warum sie das machen, was sie machen, entlockt vielen Schülern nur das Achselzucken unterworfener Völkerschaften. Doch wenn das Ziel des Unterrichts nicht ein auf Kenntnis beruhendes Nachdenken über die Welt ist, verpasst die Schule die beste Möglichkeit, die sie hat". (Jürgen Kaube)

Manchmal, das muss ich schon sagen, manchmal bin ich ganz gerne der etwas Verschrobene im Laufrad, der beunruhigt-skeptische Zeitgenosse und pädagogische Praktiker – und der Marathonläufer im Laufrad der Gegebenheiten …

Geplante Stunden

Seit jeher bin ich ein Freund der Ansicht, dass die Schule – unbeschadet meiner Wertschätzung des Lehrens und Lernens im Unterricht - zuvörderst einen Ort vielfältiger und essentieller sozialer Begegnungen darstellt. Dies gilt natürlich nicht nur für die täglichen Begegnungen von Schülern und Lehrern oder Lehrern und ihrer Schulleitung und den Mitarbeitern in der Schulgemeinde, sondern auch für die zahlreichen Interaktionen der Pädagogen untereinander.

Gerne erinnere ich mich an die Zeiten kurz vor und nach der Jahrtausendwende. Vor allem im kleinen Lehrerzimmer, dem sogenannten „Raucherzimmer", herrschte eine rege Kommunikation, in der nicht nur allerlei Späße und mehr oder weniger geistvolle Albernheiten verbreitet oder nette kleine Anekdoten kundgetan wurden, nein: hier konnte man in den Pausen, in einer Freistunde und meist auch noch nach Schulschluss über seinen Kummer reden, über Frustrationserlebnisse während des Unterrichts oder mit Eltern, Kollegen und Vorgesetzten, konnte sich über Belastungsgrenzen austauschen und über staatlich verordneten Dünnpfiff in Form unsinniger Erlasse - und erlebte dabei die Schule nicht selten auch als einen Ort der Solidarität und des Trostes.

Dass es dieses Raucherzimmer nicht mehr gibt bzw. das Rauchen dort nicht mehr erlaubt ist, findet durchaus meine Zustimmung: mit der Einschränkung aber, dass ich es nach wie vor für ebenso frag- wie unwürdig halte, erwachsenen Menschen den Nikotingenuß im *gesamten* Schulgebäude zu untersagen. Irgendein spärlich möbliertes, muffiges und meinetwegen mit einer Aufschrift an der Tür (*Raum für schlechte Menschen*) versehenes Kämmerchen, in dem willens- und charakterschwache Lehrkräfte ihrem Laster frönen dürfen, diesen Wunsch betrachte ich nach wie vor als legitim.

Das Anliegen dieses kurzen Textes jedoch ist ein ganz anderes. Denn eigentlich möchte ich als Lehrer, der die Schule, wie bereits angeführt, vorwiegend als einen sozialen Interaktionsraum betrachtet, über ein Bedürfnis sprechen, das mich erst seit wenigen Jahren umtreibt. Dies betrifft etwas Handfestes und vordergründig wenig Emotionales oder auch nur Bedeutsames – wobei sich Letzteres bei genauerem Hinsehen aber als Irrtum oder Fehldeutung herausstellen könnte. So lassen Sie uns also über den *Stundenplan* sprechen.

Wünschte ich mir früher einen Stundenplan, der mir wöchentlich zwei bis drei Freistunden gewährte (auch um zum Beispiel bürokratische Dinge – zumindest ansatzweise - zu erledigen), so erträume ich mir heute eher einen straff gefüllten und auf unterrichtsfreie Stunden verzichtenden Plan, der mich zwar auf eine Art „Unterrichtsmaschine" reduziert, dafür aber frei ist von vakanten Zeiträumen und von optionalen Vertretungsstunden. Auch wenn es an jeder Schule Vorschriften bzw. Vereinbarungen über die Anzahl der monatlich unentgeltlich abzuleistenden Vertretungsstunden gibt und sich dies im besagten Zeitraum auch nicht geändert hat, so erlebe ich die Schule der Gegenwart häufig als einen rastlosen und von permanenter Hektik erfüllten Ort, an dem immer mehr bürokratische Angelegenheiten zu erfüllen sind, immer mehr Papierkram, Sitzungen, Konferenzen und Dienstbesprechungen, ein Ort also der kontinuierlichen Anspannung, in dem eine Phase der Ruhe und Erholung und des Zusichkommens und Beisichseins seltsam anachronistisch wirkt.

Das hört sich jetzt sicherlich ein wenig larmoyant an, das weinerlich anmutende Gegreine eines Arbeitnehmers, der (wie es der Volksmund ebenso hübsch wie unwahr formuliert) *vormittags recht* und *nachmittags frei* hat. Auch wenn die Belastungen in der Arbeitswelt insgesamt in den letzten Jahrzehnten in nahezu allen Bereichen ständig gestiegen sind (ebenso wie die Anzahl der psychischen Erkrankungen), so darf man den Lehrerberuf hier sicherlich zumindest nicht davon ausnehmen. Meine vorhin geäußerte (und vielleicht etwas gehässige) Ansicht, durch einen straffen Stundenplan zur „Unterrichtsmaschine" zu mutieren, bedarf in diesem Zusammenhang einer kleinen Erläuterung. Nach wie vor empfinde ich meinen Beruf als absolut sinnvoll und wichtig und neige generell dazu, diese Profession – insbesondere den Kontakt mit Kindern und Jugendlichen und das gemeinsame Lernen – leidenschaftlich zu lieben. Allerdings wird diese Liebe durch eine Erfahrung getrübt, die ich im vergangenen Schuljahr erstmals machen durfte: nämlich an zwei Tagen in der

Woche jeweils acht Stunden hintereinander unterrichten zu müssen. Dass ich an diesen Tagen wenig Unterschiede zwischen mir und einem Zombie sehen konnte und die Schule dann fluchtartig verließ (vielmehr *das* von mir nach Hause schleppte, was noch von mir übrig geblieben war), dürfte einen empathiefähigen Zeitgenossen oder zumindest jemanden, der das Unterrichten aus eigener Erfahrung kennt, nicht sehr verwundern. Fairerweise sollte man an dieser Stelle hinzufügen, dass das Erstellen der Stundenpläne eine Tätigkeit ist, um die keiner wirklich beneidet werden dürfte; auch sollte man hier nicht den Umstand aussparen, dass es mancherlei Kollegen mit sehr speziellen (und teilweise recht zickigen bis unverschämten) Forderungen bezüglich der Gestaltung ihrer Unterrichtsplans gibt.

Warum ich das notiert habe? Nun, diese Marathontage verdanke ich natürlich der liebevollen Fürsorge und Umsicht eines mir zugedachten Stundenplanes, der mir, seiner Struktur folgend, als Ausgleich dafür einige Freistunden gewährte, die dann gelegentlich wieder in Vertretungsstunden…irgendwelchen dringlichen Gesprächen…plötzlichen Telefonaten… - wird die Logik plausibel? Nein? Dann vielleicht noch ein anderes Beispiel, das die perfiden Auswirkungen eines solchen Planes vielleicht besser illustriert. Ein von mir hochgeschätzter Kollege, dem ein ähnlich strukturierter Stundenplan zu Schuljahresbeginn vorgelegt wurde, stellte erfreut fest, dass sein ihm gewährter

Ausgleich aus einem *freien Tag* bestehen sollte. Ein ganzer freier Tag! Am Ende des Schuljahres musste besagter Kollege dann jedoch feststellen, dass er diesen freien Tag genau *ein Mal* in Anspruch nehmen konnte, nur ein einziges Mal – denn meist fanden an diesem Wochentag Gesamt- oder Klassenkonferenzen statt, Dienstbesprechungen und Teamsitzungen. Es würde ein zweifelhaftes Vergnügen darstellen, die so geleisteten und unentgeltlichen Überstunden zu bilanzieren.

Fast schon überflüssig zu erwähnen, dass dieser Kollege natürlich auch die Funktion eines Klassenlehrers innehatte – wodurch sich die Anzahl an Überstunden noch einmal ganz erheblich gesteigert hatte. Aber an dieses Thema bzw. an Überlegungen zur gerechteren Verteilung von Arbeitsbelastungen wird sowieso kaum gerührt...

Was also tun-? Bezüglich der Stundenpläne ein Verbot von acht aufeinanderfolgenden Unterrichtsstunden an zwei Wochentagen zu fordern, könnte zumindest bei denen offene Türen einrennen, die mit der pädagogischen Praxis und den damit verbundenen Belastungen vertraut sind. Abgesehen davon würde ein solcher Vorstoß sicherlich auch zu einer Verbesserung der Unterrichtsqualität und Lernerfolge führen (auf lange Sicht hat nur ein ausgeruhter Pädagoge die Chance, auch ein guter zu sein).

Der zweite Punkt aus meiner Sicht wäre es, bei der Stundenverteilung den etwas schwammigen Begriff der *Gerechtigkeit* stärker ins Blickfeld zu nehmen. Nach meinen Erfahrungen muss eine Lehrkraft mit Klassenleitungsfunktion etwa ein Viertel mehr Aufgaben erfüllen bzw. Zeit dafür aufwenden: nicht zuletzt, weil am Ende doch alles immer „am Klassenlehrer" hängen bleibt. Zudem sollten auch die fachlichen Ansprüche angemessen veranschlagt werden; von einer Lehrerin mit zwei Haupt- und damit sehr intensiven Korrekturfächern werden ganz andere zeitliche Belastungen gefordert als etwa vom Chemie- und Sportlehrer oder von einem Pädagogen, der zum Beispiel Ethik und Musik unterrichtet. Dass dieser dabei deutlich mehr Lerngruppen zu unterrichten hat und damit wieder mit anderen belastenden Umständen konfrontiert wird, sollte an dieser Stelle natürlich nicht verschwiegen, sondern ebenfalls in die Gesamtrechnung eingespeist werden.

Auch wenn man vereinzelte Vorstöße hin zu einer *gerechteren* Unterrichtsverteilung nicht außer Acht lassen sollte (etwa über die sogenannten *Deputatsstunden*, mit Hilfe derer versucht wird, zusätzliche Belastungen zu berücksichtigen vor allem bei Funktionsstellen und besonderen Arbeitsbereichen wie etwa der Betreuung der Computeranlagen oder der regelmäßigen Organisation von Auslandsfahrten), wird in diesem etwas heiklen Bereich von Schulorganisation meiner Ansicht nach noch immer deutlich zu wenig getan. Dass etwa die Klassenlehrer von der Führung von Protokollen bei Gesamtkonferenzen ausgenommen werden, ist zwar sehr löblich, aber nicht viel mehr als der berühmte Tropfen auf dem heißen Stein. Insgesamt jedoch scheint es mir so, als ob – in Verbindung mit den weitgehend geistfreien beamten- und dienstrechtlichen Konstrukten sowie der föderalen Grunddispositionen – es keinerlei Bereitschaft gibt, an dieses *heiße Eisen* der Belastungsgerechtigkeit auch nur einen einzigen ministeriellen Finger zu legen: was im Übrigen auch mindestens neun Finger zu wenig wären…

Ein fragwürdiger Fragebogen

Manchmal, das muss man schon sagen, manchmal schauen einen Dinge aus der Vergangenheit an, bei denen man sich fragt, ob sie tatsächlich real gewesen sind oder doch eher frei erfunden; zugleich überlegt man, ob man diese Dinge, im Lichte der Gegenwart besehen, noch einmal genau so ins Leben rufen würde; und schließlich, so sei freimütig bekannt, fragt man sich auch, ob man damals womöglich *einen an der Waffel* gehabt habe – oder ob man sogar ein wenig stolz sein dürfe auf ein ziemlich frei schwebendes, sehr verspieltes und ziemlich persönliches kleines Literaturprojekt ---

Zunächst einmal sollte, um der Wahrheit Genüge zu tun, zunächst einmal sollte eingestanden werden, dass das anonyme *man* und das nichtssagende *einen* durchaus den Namen des Verfassers tragen, dass dies sich also tatsächlich genau so zugetragen hat, wie es *Manfred Back* nachfolgend beschreiben wird. Eine zusätzliche Bestätigung für die Authentizität dieser Geschichte mag sich auch darin finden, dass viele meiner Bekannten, Freunde und Kollegen und nicht zuletzt auch meine zahlreichen Schülerinnen und Schüler wohl vorbehaltlos zustimmen würden, wenn es hieße, dass besagter Herr Back nicht nur als ein ausgesprochener Liebhaber von Literatur bezeichnet werden dürfe, sondern sogleich als eine richtige *Lese-* und *Literaturratte,* wie sie … nun, wie sie im Buche steht (siehe *Frage Nr. 22*).

Worum aber geht es-? Nun denn. Ganz beseligt und beglückt von dem Roman *Lied der Weite* von Kent Haruf, einer Lektüre, die meine Osterferien 2018 zu einem *Erlebnis* werden ließ, begann ich den sogenannten *Zombietag* (den jeweils ersten Schultag nach den Ferien) damit, meine Schützlinge mit einem selbst konstruierten Fragebogen zu überraschen, der den Titel *Einladung, an einem Wunder teilzunehmen...* trug. Mit diesem Fragebogen wollte ich nicht nur mein Glücksgefühl manifestieren, das sich durch die Lektüre dieses großartigen Romans eingestellt hatte (denn das allein wäre doch arg egozentrisch und unangemessen); zugleich stellte es einen Versuch dar, die mir unbekannten Eindrücke und Einschätzungen meiner Klasse bezüglich ihres gelegentlich doch etwas exzentrisch erscheinenden Klassenlehrers zu erkunden und mit (tatsächlichen oder erfundenen) persönlichen Eigenarten und Marotten zu ergänzen, mit noch unbekannten Gewohnheiten und Charakterzügen des Menschen, mit dem meine Eleven einen nicht geringen Teil ihrer damaligen Lebenszeit zu verbringen gezwungen waren... also sie mit den verschiedensten Aussagen zu diesem Kauz zu konfrontieren und sie um eine Einschätzung zu bitten, ob diese nun *richtig* oder *falsch* seien.

Natürlich konnten meine Schüler manches überhaupt nicht wissen (was aber eben Teil des Spiels war). Ob Herr Back bei der Lektüre nun *eine Zigarette rauchte* und ein *Gläschen Weißwein* dazu trank oder aber sich dem Genuß einer *Zigarre* hingab und dabei *ein Gläschen Rotwein* schlürfte, dürfte für jeden Schüler nun wirklich unabsehbar und damit *Jacke wie Hose* gewesen sein. Interessanter aber schon Fragen, die an Wesenskerne ihres Paukers gerührt haben könnten wie etwa die, ob Herrn Back bei der Lektüre tatsächlich *Tränen in den Augen standen* (sie standen), ob die Schwerkraft beim Lesen dieses Romans *keine wichtige Rolle* mehr gespielt habe (tat sie) oder aber – ganz profan – ob die Lehrkraft diesen Roman *ausschließlich in Jogginghosen* gelesen habe (das war tatsächlich so). Etwas albern wirkende Versuche vielleicht, den Schülern eine Annäherung an das zu ermöglichen, was sich hinter der Rolle des Lehrers – des Klassenlehrers – vielleicht noch verbergen könnte an *persönlichen* Merkmalen und Zügen: eine für mich aber, im Laufe der Jahrzehnte meiner Lehrerexistenz, ganz selbstverständlich gewordene Form der Beziehung, die ich mit den mir Anvertrauten pflege. Dazu gehörte auch die Aufforderung, für oder gegen den Wahrheitsgehalt von Sätzen zu votieren wie etwa *Herr Back hat furchtbar übertrieben (wie so oft schon)* oder *Herr Back hat manchmal sehr eigenartige Ideen* bis zu *Dieser Fragebogen erscheint mir relativ fragwürdig*, in denen es ja auch um eine Rudimentärform einer Charakterisierung der Lehrkraft geht (was, bei allen humorig-witzigen Anteilen, ja doch auch eine Art von gegenseitigem Vertrauen erfordert). Eine weitere Ebene zielte darauf, eigene Lektüreerfahrungen und das eigene Leseverhalten mit dem des Paukers in Verbindung zu setzen: *Ich glaube, dass ich in den Ferien ein noch besseres Buch gelesen habe* und *Ich könnte mir vorstellen, künftig noch mehr lesen zu wollen* – Aspekte, die zugleich auch als Gesprächsanlässe in dieser Stunde fungierten. Die siebzehnte Frage schließlich eröffnete (bei der späteren Besprechung des Fragebogens) die nächste Phase des Unterrichts. Sie stellte die Klasse vor ein vollkommenes Rätsel (es sei denn, einer von ihnen hätte zufällig *Lied der Weite* gelesen...), denn woher bitteschön sollten sie beurteilen können, ob es zutrifft, *dass die McPherson-Brüder hier etwas verlegen wirken?* Bei dieser „Auswertung" des Fragebogens nahm ich diese Frage zum Anlass, um kurz die Fabel des Romans vorzustellen. Die siebzehnjährige Victoria ist schwanger und wird daraufhin von ihrer Mutter vor die Tür gesetzt. Victoria holt sich zunächst Hilfe bei ihrer Lehrerin, Mrs. Jones, und findet im Haus der warmherzigen Pädagogin eine vorläufige Bleibe, bis der an Alzheimer erkrankte Vater von Mrs. Jones sie auch von dort vertreibt. In ihrer Not wendet sich die Lehrerin an die Brüder McPherson, zwei ledig gebliebene knorrige alte Viehzüchter, die das Mädchen zunächst widerwillig auf ihrer Farm aufnehmen. Den intimeren Umgang mit anderen Menschen, vor allem aber den mit einem schwangeren Mädchen nicht gewohnt, bretzeln sich die Brüder vor der ersten Begegnung mit Victoria in einem sehr anrührend geschilderten Kapitel auf, sich von einer Verlegenheit in die nächste windend... ein wunderbares und kostbares Prosajuwel, das ich den Schülerinnen und Schülern nun keineswegs vorenthalten wollte, so dass ich ihnen kurz die Hintergründe dieser Szene skizzierte und sodann diese Passage vorlas. Ich glaube, dass das an Schulen noch immer sträflich unterschätzt wird: die Berührung mit Literatur nämlich durch ein (einigermaßen) gelungenes Vorlesen, was sich nicht nur bei der Lektüre von Gedichten als oft sehr lohnenswert herausstellte.

Natürlich, mein Gedächtnis wird mir auch hier wieder einige Streiche spielen, und ich weiß, offen gestanden, nicht mehr genau, wie diese Stunde damals verlaufen ist. Ich meine mich aber doch zu erinnern, dass wir eine recht lebhafte Unterhaltung über die Bedeutung und Schönheit von guter Literatur führten; außerdem darf ich eingestehen, dass ich auch bei der „Aussprache" über einige (die Lehrkraft betreffende) persönlich-neuralgische Aspekte keinerlei peinliche Momente erlebte und sich bis heute keine derartigen Erinnerungspartikel einstellen. Und auch wenn diese Stunde nun sicherlich niemals in ein *pädagogisches Instruktionsbuch* übernommen werden könnte: würde ich sie auch heute noch genauso konzipieren und gestalten....

Nachfolgend nun also der Fragebogen:

Einladung, an einem Wunder teilzunehmen…

Sind die folgenden Aussagen richtig oder falsch? Kreuze an:

	richtig	*falsch*
01. Herr Back hat furchtbar übertrieben (wie so oft schon)	☐	☐
02. Bei der Lektüre rauchte Herr Back eine Zigarette und trank ein Gläschen Rotwein	☐	☐
03. Möglicherweise hat dieser Autor ein noch besseres Buch geschrieben	☐	☐
04. Dieser Autor war Herrn Back vorher völlig unbekannt	☐	☐
05. Bei der Lektüre standen Herrn Back Tränen in den Augen	☐	☐
06. Herr Back hatte schon vor dieser Lektüre ein Buch gelesen, das für ihn bereits im Januar sein Lieblingsbuch des Jahres 2018 sein würde (also unübertreffbar schien)	☐	☐
07. Herr Back hat diesen Roman ausschließlich in Jogginghosen gelesen	☐	☐
08. Literatur findet Herr Back ziemlich cool	☐	☐
09. Herr Back findet es unbegreiflich, wenn Menschen, die lesen können, nicht lesen	☐	☐
10. Herr Back hat manchmal sehr eigenartige Ideen	☐	☐

11. Herr Back hat sich heute sehr gefreut, seine Klasse wiederzusehen ☐ ☐

12. Herr Back hat die Ferien etwas (also: viel) zu kurz gefunden ☐ ☐

13. Herr Back hat diese Textstelle schon vor dem Frühstück gelesen ☐ ☐

14. Beim Lesen dieser Textstelle spielte die Schwerkraft für Herrn Back keine wichtige Rolle mehr ☐ ☐

15. Dieses Buch würde Herr Back nur ungern an jemanden verschenken wollen ☐ ☐

16. In diesem Fragebogen befindet sich ein schwerwiegender und die Regeln der Zeichensetzung beleidigender Kommafehler ☐ ☐

17. Man kann schon sagen, dass die McPherson-Brüder hier etwas verlegen wirken ☐ ☐

18. Eigentlich würde ich jetzt lieber in meinem Bett liegen und schlafen ☐ ☐

19. Dies ist die neuntletzte Frage des Fragebogens ☐ ☐

20. Mrs. Jones ist eine Lehrerin ☐ ☐

21. Bei der Lektüre rauchte Herr Back eine Zigarre und trank ein Gläschen Rotwein ☐ ☐

22. Ich würde Herrn Back schon als eine Art Leseratte bezeichnen ☐ ☐

23. Ich glaube, dass ich in den Ferien ein noch besseres Buch gelesen habe ☐ ☐

24. Vor den wenigsten Apotheken hat man Pferde beobachten können, die sich übergeben mussten ☐ ☐

25. Herr Back hat sich das Paradies schon seit langer Zeit als eine Art Bibliothek vorgestellt ☐ ☐

26. Dieser Fragebogen erscheint mir relativ fragwürdig ☐ ☐

27. In diesem Fragebogen zeigt sich die Leidenschaft, mit der Herr Back seinem Beruf nachgeht ☐ ☐

28. Herr Back hat in den Ferien ein neues Schreibprojekt begonnen ☐ ☐

29. Diesen Fragebogen hat Herr Back einem Lehrwerk entliehen ☐ ☐

30. Borussia Mönchengladbach wird noch zu Lebzeiten von Herrn Back Deutscher Meister ☐ ☐

31. Während Herr Back diesen Fragebogen entworfen hat, starben einige Menschen auf dieser Welt (und wurden einige geboren) ☐ ☐

32. Herr Back ist zufällig auf diesen Roman gestoßen ☐ ☐

33. Ich glaube, ich habe den Titel dieses Fragebogens verstanden ☐ ☐

34. Ich könnte mir vorstellen, künftig noch mehr zu lesen ☐ ☐

35. Es stimmt schon: *Bücher sind nur dickere Briefe an Freunde* (Jean Paul) ☐ ☐

Lackieren

Liebe Eltern, liebe Kolleginnen und Kollegen, verehrte Gäste und vor allem: liebe Schülerinnen und Schüler,

vor kurzem entdeckte ich auf dem Schreibtisch einer Kollegin eine kleine Notiz, wonach es einen neuen Termin gebe, um *die Kinder zu lackieren.*

Abgesehen davon, dass *ich* es doch vorziehen würde, statt gleich der gesamten Person lediglich deren Zähne zu *lackieren,* gab mir diese Nachricht doch einen kleinen Stich ins Herz: denn sie wies mich indirekt nicht nur darauf hin, dass auch ich demnächst wieder von einer neuen Schar zu *lackierender* und zu betreuender Kinder umgeben sein würde – sondern auch, dass für die jetzt und hier versammelten Exzahnspangenträgerinnen und –träger der unwiderrufliche Abschied nicht nur von dieser Schule, sondern auch von ihrem Lehrer bevorstehen wird. Also von mir. Dass sozusagen der Lack ab ist, der Lack einer sechs Jahre alten – Beziehung.

Sie haben richtig gehört. Eine Beziehung. Denn es gehört zu meinen pädagogischen Grundüberzeugungen, dass der Unterricht gerade mit jungen Wesen in erster Linie eine Beziehungsfrage ist, ohne deren Vorhandensein nichts Wesentliches an einer Schule, genauer gesagt in einem Klassenzimmer, laufen würde. Als Grundpfeiler dieser Beziehung möchte ich dabei den gegenseitigen Respekt und die wechselseitige Anerkennung bezeichnen, ohne die man das komplexe Geschäft des Lehrens und Lernens gar nicht erst anzufangen braucht.

Klappe ich die heute leider beendete Beziehungskiste noch einmal auf, dann finde ich darin allerlei Skurriles und Merkwürdiges. Etwa Amras Notiz im Klassenratsbuch, wonach *Abdul und Kevin feifen und uns ärgern*, während besagte Amra von den beiden Übeltätern einen Tag später beschuldigt wird, dass sie *in der 2. Pause Kevin und Abdul 1 Minute uns ins Ohr geschrien hat*, was natürlich *weh tut*. – Wie richten in diesem Falle? Was tun mit diesem Konflikt? Zunächst vielleicht erst einmal einsehen, dass Konflikte eine Notwendigkeit sind, wenn Menschen aufeinandertreffen. Und dass die Idee eines Klassenratsbuches dabei helfen kann, angemessen mit einem Konflikt umzugehen. Auch wenn die Probleme derart dringend sind, wie uns ein Schüler am 04.09.07 mitteilt: *Heute haben sie mich erledigt. Ich habe Wasser (zuhause) geschüttet. Ich habe alles gewechselt außer die Unterhose, die habe ich vergessen. Darum habe ich eine nasse Unterhose. Die haben es beim Umziehen gesehen. Darum sagen sie, dass ich in die Hose gemacht habe.*

Existentielle Erschütterungen! Zu Herzen gehende Tragödien! Menschliche Dramen auf engstem Raume! Aber gerade das gehört eben zum pädagogischen Kerngeschäft, sich auch mit solchen Dingen zu beschäftigen und sich nicht immer in die gelehrte Welt der Fakten zurückzuziehen. Und wenn ich mir die heute vor mir sitzenden früheren Jungspunde so ansehe, glaube ich schon, dass wir hier so einiges gelernt haben, was jenseits der Unterrichtsfächer liegt. Davon spricht unter anderem auch besagtes Klassenratsbuch Bände; denn nach 20 Einträgen, wonach jeder von jedem *genervt* ist und an den Haaren gezogen wurde und sich Beschimpfungen als *Metallmensch* oder *Hasenzahn* anhören musste, folgt regelmäßig wieder eine Notiz, wonach man doch *eine tolle Klasse* sei oder sich die Klassengemeinschaft gut entwickelt habe.

Ich könnte noch stundenlang aus diesem Werk zitieren, denn sechs Jahre sind eine ziemlich lange Zeit. Weil aber auch zehn Minuten eine lange Zeit sein können, möchte ich mich hier doch lieber auf das Wesentliche beschränken. Aber – was ist es denn, das Wesentliche? Sicherlich die teilweise beeindruckende Entwicklung von manchmal nervtötenden Kindern zu ernsthaften jungen Menschen, die jetzt vor einer entscheidenden Schwelle ihres Lebens stehen. Wesentlich aber auch, daß über so viele Jahre hinweg (und entgegen allen Reportagen von „Stern TV" bis „Brisant") ein Sozialverhalten zu registrieren ist, dass man für ein Bild von der Zukunft unseres Landes nicht nur dunkle Farben verwenden muss.

Was jetzt hier so nett klingt und so positiv scheint, das ist natürlich auch hart erarbeitet worden. Will sagen: Neben zahlreichen Glanz- gab es immer wieder auch Minus- und Tiefpunkte. Und nicht alles, was sich bei uns im Klassenraum, bei Unterrichtsgängen, Studienfahrten und dergleichen zugetragen hat, sollte jetzt ans

Licht der hier versammelten Öffentlichkeit gezerrt werden... wobei schon erwähnt werden sollte, dass das Verhalten einiger Schülerinnen und Schüler in den letzten Wochen einen doch bedenklichen Mangel an Reife und Zuverlässigkeit zeigte –sofern diese überhaupt anwesend waren oder wenigstens einigermaßen pünktlich zum Unterricht erschienen. Dass dies auch in meiner Lehrerseele für Enttäuschungen gesorgt hat, musste allein schon aus Gründen der seelischen Hygiene gesagt werden.

Dennoch scheint es mir nicht ganz unwichtig zu erwähnen, dass unser persönliches Verhältnis insgesamt nicht vom Schlechtesten gewesen ist und war. Ich für meinen Teil jedenfalls darf sagen, dass mir die Schülerinnen und Schüler auf dem Weg von der 5b zur 10b sehr ans Herz gewachsen sind und ich diese doch sehr vermissen werde. Neben der Hoffnung, ihnen doch einiges Rüstzeug für ihr weiteres Leben an die Hand gegeben zu haben, freut es mich sehr, dass wir trotz aller Konflikte und Streitigkeiten doch ziemlich gut miteinander ausgekommen sind. Mehr noch: insgesamt möchte ich nicht verschweigen, dass ich ziemlich stolz auf das bin, was jetzt hier so vor mir sitzt und gleich von mir gehen wird. Denn alles in allem: es war eine – aus meiner Sicht – verdammt gute, sinnvolle und Freude spendende Zeit mit euch, so dass mir am Schluss nichts anderes übrig bleibt, als euch nur das Beste für eure Zukunft zu wünschen. Für mich wiederum wünsche ich mir, dass ihr euch nicht erst dann wieder einmal an den *ollen Back* erinnern werdet – gern erinnern werdet – wenn die Gladbacher Borussen zum 6. Mal deutscher Meister geworden sind: denn das kann schon noch einige Jährchen dauern…

Rede zur Verabschiedung meiner Klasse im Sommer 2013

Vertretungsstunde II

Im Hafen

Sie sagen, ich müsse vierhundert Wörter schreiben. Als Wahlaufgabe bei der Abschlussprüfung. Vierhundert Wörter! Das erscheint mir relativ viel; genauer gesagt, damit stehe ich vor einem Berg von Arbeit. Noch genauer: vor einem Siebentausender der Angst.

Vierhundert Wörter, ich meine, das ist verdammt viel. Woher soll ich die denn nehmen? Wenn ich Hausaufgaben mache und so etwas übe – das ist übrigens ein Bedingungssatz! – also wenn ich übe, dann denke ich ja oft schon nach ein, zwei Absätzen, dass mir partout nichts mehr einfallen wird. Und weil ich dies annehme und es praktisch *weiß* und somit verinnerlicht habe, lasse ich dann in der Regel (also eigentlich: immer) den Stift sinken und ergebe mich in mein Schicksal als Mensch, dessen Wortschatz überschaubar und dessen Phantasie als übersichtlich zu betrachten ist.

Jetzt hat mich Yasmin mit ihrer Nachfrage zur Bedeutung der Judikative etwas aus dem Konzept gebracht. Ich könnte nun skizzieren, wie ich zu ihr hingegangen bin und mit ihr gesprochen habe. Andererseits, dann könnte ich auch von Mehmets Eisteeflasche schreiben, von Duygus blauem Stift oder von Noahs Kapuze – und das nur, um Wörter zu schinden (soeben kratzt sich Alois hinter dem Ohr, und Sasme kaut auf ihrer Lippe), und so kann mein Schreibschiff doch nicht in seinen Hafen einlaufen...

Wie viel Wörter habe ich denn eigentlich schon verzapft... mal nachzählen... - Also, bis zu *verzapft* sind es schon **zweihundertsechsundzwanzig**, bis zum Wort *zweihundertsechsundzwanzig* bereits **zweihundertsechsunddreißig**, nicht viel, jedoch immerhin. Aus dieser Perspektive betrachtet erscheint mir der Berg nun bedeutend kleiner, aus dem Mont Blanc ist ein Matterhorn und aus dem Matterhorn ist eine Zugspitze geworden, ein Zugspitzchen – und daneben hat sich ein Hügelchen des Vergnügens hingepflanzt, ein Hügel, Doppelhügel, Goliathhügel: aber das darf ich natürlich niemals zugeben. Dass Schreiben auch Spaß bereiten könnte! Ausgerechnet mir! – Würde ich das vor den anderen einräumen, wäre ich doch glatt geliefert, das wäre doch so was von megauncool, Mannomann...

Andererseits, bis *Mannomann* schon **dreihundertundvier** Wörter, das haut mich jetzt doch... - und als hätte er meinen hier entstehenden Text mitgelesen, als telepathische Übung gewissermaßen, fragt mich Aldin soeben, *ob es denn schlimm sei, schriebe man mehr als diese ominösen vierhundert Wörter* (zugegeben, *ominös* hat er so nicht gesagt, aber seine Frage ist ebenso verbürgt wie die Existenz der Hand, mit der ich mein Schiffchen – meinen Tanker-? – hier vorantreibe)...

Die bisher genannte Wortanzahl versteht sich übrigens ohne den Titel (über den ich mir, ehrlich gesagt, noch keinerlei Gedanken gemacht habe, *Schiff auf Berg* vielleicht, obwohl, das könnte ja auch leicht missverstanden werden...).

Mal sehen, was der jetzige Tachostand so hergibt, bis zu dem auf ein neues Blatt zu schreibenden Signalwort, ein hübsches Wort wie *Wespentaille* vielleicht oder *Hummelflug*, wir müssen uns einigen, sagen wir also einfach bis *Hummeltaille*, und schwupp! da waren es bereits **vierhundertdreiundvierzig** Wörter, Donnerwetter, die Zeit verging ja wie im *Wespenflug*, eigentlich gar nicht so schwer, oder wie es im Prüfungstext stand, am nötigsten bräuchten wir einen Menschen, *der uns zwingt, das zu tun, was wir können* – eine, wie ich finde, exakte Beschreibung dessen, was den Beruf des Lehrers auch und zutreffend ausmacht...

Geschrieben während der Abschlussprüfung meiner Klasse in Deutsch am 13.05.2013

Einige Empfehlungen für den Nachwuchs

Seit vielen Jahren schon widme ich mich der Betreuung unseres pädagogischen Nachwuchses, der zweimal im Jahr in Form der sogenannten *schulpraktischen Studien* junge Menschen in unsere Schule treibt, Studenten, die entweder zum zweiten Male die Schulwirklichkeit als Praktikanten erleben sollen/dürfen oder aber als eine Art Jungfernflug ihrer künftigen *Abenteuerserie Schule* zum ersten Male begegnen. Darf ich mir in diesem Zusammenhang die Bemerkung erlauben, dass diese Mentorentätigkeit keinerlei Auswirkungen auf mein Stundendeputat hat, sprich: dass dies als ein Engagement ehrenhalber aufzufassen ist? Aber das ist nach meinem Dafürhalten auch in Ordnung so. Denn schließlich lebt die Qualität einer jeden Schule auch von der Bereitschaft einzelner ihrer Mitarbeiter, sozusagen unentgeltlich Mehrarbeiten zu leisten, immer mal wieder oder regelmäßig *eine Schippe draufzulegen* und damit dazu beizutragen, dass das Ansehen der Institution, in der man doch einen beträchtlichen Anteil seines beruflichen Lebens (inklusive auch aller emotionalen Ressourcen) verbringt, in einem doch hoffentlich recht ordentlichem Lichte erstrahlt...
Aber genug jetzt von poetischen Ergüssen und Exaltationen und hin zur Prosa der Realität. Zweimal im Jahr bin ich für jeweils fünf Wochen der Ansprechpartner für besagten akademischen Nachwuchs und bemühe mich dabei nach Kräften, diese *fünf* Wochen für die Studierenden zu einem nützlichen und auf-

schluss- und erkenntnisreichen *Ausflug in die Wirklich-keit* zu gestalten, der vielleicht sogar Fingerzeige dafür liefern könnte, ob man nun ein gewisses Talent für den angestrebten Beruf besitzt oder doch besser zum Bei-spiel in der Statistikabteilung eines Molkereiprodukte herstellenden Betriebes aufgehoben wäre. Dazu gehört ein ebenso ausführliches wie strukturiertes Empfangs-gespräch, in dem alle anfallenden organisatorischen wie auch persönlichen Fragen, Erwartungen und Be-fürchtungen thematisiert werden, als auch wöchent-liche Reflexionstreffen, in denen die gemachten Ein-drücke und Erfahrungen genauso angesprochen wer-den wie auch die Gefühle, Erkenntnisse, Zweifel und Fragen, die sich in der Wahrnehmung dieser neuen be-ruflichen Rolle, während der Hospitationsstunden und bei eigenen Unterrichtsversuchen eingestellt haben. Dazu gehört aber auch, dass ich diese *Frischlinge* dezi-diert dazu ermuntere, doch bitte auch kritisch mit den gemachten Eindrücken umzugehen, sprich: beispiels-weise das Erstaunen über Lehrkräfte zu äußern, die sich an der eigenen Wissensfülle berauschen und nichts, aber so gar nichts wahrnehmen von dem, was sonst noch geschieht in ihren Klassenräumen, in ih-rem Unterricht. Oder ihre Verwunderung über einen ebenso respektlosen wie ruppigen Umgangston. Ihre Bestürzung über die Jämmerlichkeit des geistigen Er-trages einer hospitierten Stunde. Ihre Fragezeichen hinsichtlich des erlebten Meisterns/Scheiterns bei Un-terrichtsstörungen. Und so weiter und so fort. Aber: leider Gottes (oder wer immer auch zuständig ist für

diese Klagen meinerseits), leider Gottes kommt da oft
– so gar nichts. Kein kritisches Nachfragen, kein Wi-
derstand, keine Empörung. Eine Folge vielleicht auch
der Umstrukturierungen der Lehramtsausbildung und
der unsäglichen Modularisierungen, des im Grunde
genommen unglaublichen Verschulungsprozesses der
Universitäten, ich weiß es nicht. Aber nun gut. Jedenfalls versuche ich es jedes Mal von Neuem, die Sinne
dieser Novizen zu schärfen und sie zu ermuntern,
doch gefälligst aufmerksam, kritisch und reflektiert
durch dieses ihr Praktikum zu gehen.

Reflektiert durch dieses ihr Praktikum zu gehen – und dabei
natürlich auch die Möglichkeiten zu nutzen, die darin
bestehen, einem kampferprobten und doch mittlerweile recht erfahrenen alten Hasen (einem Hasenopa
gewissermaßen) einige Einsichten abzuverlangen, die
sich relativ zwangsläufig ergeben, wenn man doch
schon einige Jährchen im Betrieb (im *Hasenstall*) zuge-
bracht hat. Da dies aber ziemlich selten geschieht und
der Hasenopa dennoch glaubt, dass es recht nützlich
sein   könnte, wenn er die Löffel anlegt und in seinem
Erfahrungsschatz kramt: hier einige seiner vor-
dringlichsten Erkenntnisse und Empfehlungen, um
den Beruf einigermaßen unbeschadet und als seelisch
bereichernd und sinnerfüllt zu erleben.

Mein erster Tipp für den Nachwuchs betrifft das Ritual der Begrüßung. Nichts schlimmer als die oft in
Spielfilmen gezeigten Sequenzen, wenn die Lehrkraft
eilig den Raum betritt und quasi im Vorbeige-
hen/Vorstürmen ein Begrüßungswörtchen vor sich hin

knurrt. Das ist das Gegenteil einer jeden *Willkommens-kultur* und alles andere als ein Anzeichen dafür, dass der Unterricht sogleich beginnen wird. Stattdessen sollte der Pädagoge gelassen zu seinem Pult gehen, vielleicht noch einige Dinge aus seinem Lehrer-täschchen kramen – um dann in aller Ruhe seine Lern-gruppe zu mustern, bis diese ebenfalls zur Ruhe ge-kommen ist. Falls Letzeres etwas länger dauern sollte: dann dauert Letzeres eben etwas länger, ein Warten allerdings, das sich noch lohnen wird. Und wenn man das Gefühl hat, nun doch schon zu lange warten zu müssen und sich dabei vielleicht sogar etwas lächerlich vorkommt oder wütend wird, dann ist es allemal sinn-voller, zum Beispiel ein Notizheftchen in die Hand zu nehmen und still irgendetwas hineinzuschreiben (meinetwegen: *Dieses Jahr holen die Borussen endlich den Titel*), anstatt die unruhige Schar etwa anzubrüllen oder eben gar nicht zu begrüßen. Die Auswirkung dieses kommentarlosen Notierens jedenfalls wird Sie verblüffen. Und erst dann, wenn sich Ihre Klasse beruhigt und gesammelt hat, erst dann begrüße ich sie sozusagen *offiziell* und werde anschließend auch im Chor *offiziell* zurückgegrüßt.

Dieses kleine, aber wichtige Ritual ist an unserer Schule mit einem anderen verbunden, dem Aufstehen der Schülerinnen und Schüler, wenn die Lehrkraft den Raum betreten hat bzw. wenn sie vorne am Pult steht. Wer dieses gemeinsame Aufstehen vielleicht als einen militärisch anmutenden Drill auffasst und ablehnt, sollte dabei allerdings bedenken, dass es nicht nur ein wichtiges Signal der gegenseitigen Wahrnehmung und des Respekts gegenüber dem Lehrkörper ist, sondern auch das deutlich erkennbare Startzeichen für den Unterrichtsbeginn. Und falls es an der Schule, an der Sie Ihre ersten eigenen Unterrichtserfahrungen machen, keine solche Rituale gibt: dann erschaffen Sie sie doch einfach selbst.

Der nächste Ratschlag, den ich Frischlingen gerne mitgeben möchte, beschäftigt sich mit dem wichtigsten Organ des Lehrers, seiner Stimme. Machen Sie sich bitte bewusst, welche Wirkung Ihre Stimme auf andere hat, und vor allem, achten Sie darauf, in welcher Tonlage, in welcher Modulation und Lautstärke Sie sprechen. Es ist anzunehmen, dass sich nahezu jeder Erwachsene noch an eine seiner damaligen Lehrkräfte besonders erinnert (im positiven oder negativen Sinne), und oft ist es gerade das als unangenehm oder als wohltuend empfundene Sprechen, das im Gedächtnis haften geblieben ist. Ganz gleich aber, ob Ihnen eine nasal klingende Stimme in die Wiege gelegt worden ist, eine sonore oder leicht nuschelnde, eine hohe helle oder brummig-tiefe – achten Sie vor allem darauf, nicht immer im gleichen Tonfall zu reden. Variieren Sie Ihr Sprechen, haben Sie Mut zur Betonung, zum Flüstern, zum Tempowechsel, zum Rollensprechen (denn ob Sie es wollen oder nicht, als Lehrkraft sind Sie immer auch ein kleiner Schauspieler auf einer Bühne, zumindest werden Sie so wahrgenommen werden), und vermeiden Sie unter allen Umständen das, was man als *monologische Litanei* bezeichnen könnte (die beste Einschlafhilfe in jedem Unterricht). Trainieren Sie Ihr Sprechen zum Beispiel beim Vortragen einer Ballade, eines Bühnenstücks, einer Kafka-Parabel, meinetwegen auch eines Kochrezeptes oder einer Gebrauchsanweisung, und überlassen Sie Ihre Stimme bitte nicht dem grauen Einerlei von Monotonie und Alltag...

Meine dritte Empfehlung berührt Ihre Rolle als Lehrkraft, die Wahrnehmung und Verarbeitung all dessen, was Sie an nur einem einzigen Schultag alles erleben, machen und empfinden. Im Kern möchte ich Sie, gerade wenn Sie ein leidenschaftlicher und hingebungsvoller Pädagoge sind, gerade dann möchte ich Sie zu einer *distanzierten Grundhaltung* ermuntern. Nehmen Sie innerlich Abstand von dem, was da so alles auf Sie einstürmt, und bedenken Sie immer, dass nur Sie allein es sind, der in Ihrer Haut steckt. Vermutlich werden Sie wissen, dass gerade in den sozial dominierten Berufsgruppen das Risiko des Ausbrennens besonders hoch ist (wobei aber nur der, der schon einmal für etwas *gebrannt* hat, auch einen sogenannten *Burnout* erleben kann) und dass es am Ende keinen gibt, der Sie davor wirklich schützen kann außer Sie sich selbst. Machen Sie eine *innere Distanz* zu einem wichtigen Werkzeug in Ihrem alltäglichen pädagogischen Instrumentenkoffer, ganz gleich, ob es sich um die Zumutungen heillos überfrachteter Lehrpläne handelt, hysterische Vorgesetzte und bürokratische Ärgernisse, die ungeheuere Dringlichkeit einer ungeheuer wichtigen Dienstbesprechung, das unmotivierte laute Lachen und Kichern der Lerngruppe, vor der Sie gerade etwas zu erklären versuchen, die ständige Ruhelosigkeit im Schulalltag und die Atmosphäre permanenter Hektik und Anspannung, die allerneuesten methodischen Innovationgebote, der allerallerneueste Lehransatz - und natürlich die alltägliche und von Ihnen höchstpersönlich zu leistende Rettung der Welt... - Wenn Sie hier keine innerliche Reißleine ziehen und kein energisches STOPP-Zeichen setzen zwischen sich und der Sie umgebenden und bestürmenden Außenwelt, ist die Gefahr sehr groß, davon schlicht überrollt zu werden. Und dass diese *innere Distanz* nun wirklich nicht die kleine Schwester der Gleichgültigkeit ist und kein Synonym für einen wie auch immer gearteten „Dienst nach Vorschrift", braucht an dieser Stelle hoffentlich nicht extra betont werden, im Gegenteil: für mich ist sie eine zentrale Voraussetzung dafür, meinem Beruf mit Enthusiasmus und Leidenschaft nachgehen zu können.

Sprachen wir bereits über vollgestopfte Lehrpläne? Oder müssen wir sie Rahmenpläne nennen? Stoffpläne vielleicht? Rahmenrichtlinien gar? Aber ganz gleich, wie immer man diese ministeriellen oder der Ministerialbürokratie entsprungenen Textmonster auch bezeichnet: Gehen Sie davon aus, dass Sie kein Verbrechen an den Ihnen anvertrauten Kindern begehen, wenn Sie solcherlei hanebüchenen und in einer fassungslos machenden Schwurbelsprache verfassten

Phantasien und Kopfgeburten weitgehend ausblenden (oder gleich komplett ignorieren, sofern diese sich auf das Sprechblasen- und Worthülsengebiet des sogenannten *kompetenzorientierten Lernens* begeben). Im Ernst: angesichts derartiger nur von ihrer eigenen Bedeutsamkeit und praxisferner Theorie getragenen Anforderungsbombardements sollten Sie sich eine curriculare Gelassenheit zu eigen machen und eher ein *exemplarisches Lernen* bevorzugen (das gilt für sämtliche Fächer). Denn viel wichtiger, als das Wissen über historische Epochen in den Köpfen Ihrer Schüler zu verankern, über Gattungsmerkmale der Lyrik oder Gesteinsarten oder Klimadiagramme oder Pflanzenformen, ist es doch, dass Sie Ihre Schützlinge zum Denken anregen, ihr Denken trainieren und ihnen Arbeitshaltung, Durchhaltevermögen und Beharrlichkeit beibringen, ihre Neugier wecken und ihren Ehrgeiz. Verstehen Sie das Unterrichten eher als die Kunst, entdecken zu helfen. Das können Sie aber nicht leisten, indem Sie Ihren Unterricht weitgehend daran orientieren, möglichst viel abfragbares Wissen weiterzugeben (das, wenn es gut läuft, sowieso nach der nächsten Klassenarbeit wieder vergessen sein wird). Besser also scheint es, an wenigen ausgewählten Stoffen in die Tiefe zu gehen, statt sich an einem jede schulische (und lernpsychologische) Realität missachtenden Stoffkatalog abzuarbeiten.

Apropos – haben Sie noch die Geduld für eine weitere Empfehlung-? Schön. Auch wenn Sie selbst manche

Schüler ziemlich unsympathisch finden sollten und langweilig, nervtötend oder unsäglich arrogant, und wenn sie andere wiederum als sehr angenehm erleben, als sehr freundlich und sozial – für Schulkinder ist es ein ganz entscheidendes Bewertungskriterium bezüglich ihrer Lehrkräfte, ob sie sich von diesen gerecht und fair behandelt fühlen. Das mag sich anhören wie eine Plattitüde, ist aber im Alltag gar nicht so leicht zu praktizieren. Achten Sie deshalb ganz besonders bei ihrem Umgang mit Vertretern der ersten Gruppe darauf, ob Sie ihnen die gleiche Behandlung zukommen lassen wie Ihren *Lieblingsschülern* (denn die hat meiner Erfahrung nach jeder). Das erscheint mir nicht zuletzt deshalb so wichtig, weil das Unterrichten auch (vielleicht sogar zuerst) eine Form von Beziehung ist, die zwischen den Schülern und ihren Lehrern ganz automatisch eintritt und die Sie vor allem auch als Klassenlehrer pflegen sollten. Denn eine angenehme Unterrichtsatmosphäre ist eine notwendige Grundlage für ein erfolgreiches und befriedigendes Lernen. In diesem Zusammenhang verfolge ich seit Jahren eine von mir so genannte *Hosen-runter-Strategie*. Das bedeutet, dass ich als Pädagoge die Bedürfnisse und Probleme, die Befürchtungen und Sorgen meiner Schützlinge wahr- und ernst zu nehmen versuche, und wenn diese sich als sehr dringlich herausstellen, dann kann unter Umständen auch einmal der vorgesehene Lernstoff einer Stunde zugunsten eines entsprechenden Klärungsgespräches entfallen (die dadurch entstandene *didaktische Lücke* würde sich vermutlich in den folgenden

Stunden noch ausweiten, wenn ich ein solches Gesprächsbedürfnis ignorieren würde – denn nur in einem guten Unterrichtsklima können langfristig auch haltbare Lernerfolge realisiert werden).

Dass der Humor einen ganz wesentlichen Baustein für die schöne Kunst des Unterrichtens darstellt und dass selbst jüngere Kinder durchaus in der Lage sind, Ansätze von Ironie zu erkennen und zu verstehen, diese Erkenntnisse sind zwar als Gemeinplätze zu betrachten und sollten an dieser Stelle auch nicht detailliert beschrieben werden. Für den Moment mag es genügen, noch einmal zu betonen, dass die Verwendung von Humor und Ironie keineswegs bedeutet, *kein* strenger Lehrer sein zu können. Statt mithilfe einer smarten und komplett nachgiebigen Kumpelnummer bei Schülerinnen und Schülern punkten zu wollen (der Pauker als etwas älterer Freund), kann die Kombination von Strenge und Humor zu einem besseren Lernverhalten als auch zu einem akzeptablen Miteinander führen. Dabei bedeutet das Strengsein auch nicht die Zurschaustellung einer Autorität, die sich aus Ihrem Status als Lehrer sozusagen „von Amts wegen" ergibt (was in den heutigen Zeitläuften sowieso kompletter Unsinn geworden ist). Idealerweise können die Kinder während Ihres Unterrichts so etwas wie eine *natürliche Autorität* wahrnehmen, die Sie durch die Verknüpfung von Beharrlichkeit und Humor, von einem konsequenten Auftreten und gelegentlichen spaßigen Sprüchen, von energischen Forderungen und

Anweisungen und durchaus schrägen Ein- und Ausfällen am besten erreichen können. Und natürlich auch (und nicht zuletzt) durch Ihre fachliche Kompetenz. Dabei ist es kein Fehler, wenn Ihre Schülerinnen und Schüler spüren können, dass sich *der Typ da vorne* doch recht gern selbst mit diesen Themen beschäftigt, die gerade Gegenstand des Unterrichts sind. Ich zumindest habe als Schüler (wenn auch als schon erwachsener im Zuge des Zweiten Bildungsweges) genau das erlebt, was ich soeben gerade angedeutet habe, und danke noch heute Herrn Hölzel.

Ein Letztes vielleicht noch. Die Schule von heute wird meinen Eindrücken nach geradezu zugeschüttet mit allen möglichen und unmöglichen Anforderungen und soll dabei zunehmend als eine Art Reparaturstelle für das herhalten, was die Folgen von allerlei politischen und gesellschaftlichen Fehlentwicklungen sind. Lassen Sie sich nicht zuschütten! Behalten Sie den Kopf oben und kramen Sie in Ihrem schon erwähnten pädagogischen Instrumentenkoffer, um Ihre Abwehrkräfte in Form der vorhin skizzierten *inneren Distanz* zu stärken. Und denken Sie bitte gelegentlich daran, dass es so unglaublich leicht ist, alles schwer zu nehmen – aber bedeutend schwieriger, die Dinge auch einmal leicht zu nehmen und mit heiterem Abstand zu betrachten.

Die Schönheit von Fragezeichen

Vermutlich wissen Sie nicht nur ziemlich genau, wie *der Hase* so *läuft*, nein, Sie erwecken sogar den Eindruck zu wissen, wo denn nun der *Hase* für gewöhnlich *im Pfeffer liegt*. Und wenn ich Sie mir genauer anschaue, ist es Ihnen auch nicht verborgen geblieben, wieso eigentlich *der Hund in der Pfanne verrückt* wird bzw. wo genau *der Hund* danach *begraben* liegt. Mit Ihnen zu sprechen heißt sicherlich nicht, dass man dabei *Perlen vor die Säue* werfen würde, so aufmerksam, wie Sie wirken, so konzentriert Sie nachfragen und so selbstsicher und gefestigt Sie erscheinen. Wahrscheinlich würden Sie sogar nicht nur die Ursache dafür kennen, warum es *bei Hempels unterm Sofa* so aussieht wie es aussieht, nein. Sie wüssten vermutlich auch, warum Hempel zum Hempel wurde und welche Rolle dabei eine, sagen-wir, gewisse Marlene gespielt hatte. Mit anderen Worten: Sie sind ein Mensch der Tat, ein Mensch der Gewissheiten, kurz, Sie stehen mit mindestens zwei Beinen auf dem Boden der Tatsachen, der Gewissheiten und: der Wirklichkeit…

Aber auch ich (wenn auch ohne intimere Hempel-Kenntnisse), auch ich hätte mich bis vor wenigen Tagen noch als einen Mann von festen Überzeugungen bezeichnet, zumindest was die Wirksam- und Haltbarkeit und Evidenz seiner pädagogischen Grundanschauungen betrifft. Um die etwas sehr mäandernde und unbeholfene Ouvertüre abzukürzen, sei gestanden, dass so etwas wie meine *pädagogische Präambel* ein wenig ins Wanken geraten ist, so dass ich mich nun etwas genant vor Ihnen hier auf dem Papier ergieße... was mir gerade angesichts Ihrer profunden Hasen- und Hundekenntnisse und unter besonderer Berücksichtigung Ihrer Hempel-Studien doppelt peinlich erscheint.

Nun denn: bis vor kurzem war ich noch von der scheinbar unumstößlichen Gewissheit getragen, dass sich alles, was ich in meiner Lehrerexistenz so Tag für Tag erlebe und organisiere und durchführe und selbst lerne und woran ich mich dabei orientiere, unter dem Leitgedanken subsumieren lässt, dass das Unterrichten in allererster Hinsicht eine Form von *Beziehung* ist, eine *Beziehungsarbeit* nämlich, die zwischen mir als Lehrperson und meinen Schülern besteht. Dieser Prämisse, so mein mit den Jahren immer stärker gewordenes Credo, dieser Prämisse hat sich alles andere unterzuordnen. Dahinter lässt sich natürlich der menschenfreundlich wirkende Ansatz erkennen, dass ich in allererster Linie nicht Deutsch unterrichte oder Gesellschaftslehre oder Ethik, nicht Fächer also, sondern – Schülerinnen und Schüler. Ein mir durchaus sympathischer Gedanke, die Präferenz womöglich einer personalen statt einer funktionalen Grundidee, in deren Zentrum stets der Mensch, das Individuum zu stehen hat, der unteilbar Einzelne, der Schüler als das *Subjekt* in Lernprozessen: und nicht als ein zu beschulendes *Objekt*...

In seinem schon mehrfach erwähnten und sehr lesens-

werten Buch *Ist die Schule zu blöd für unsere Kinder?*
lässt der vorzügliche Jürgen Kaube das Kapitel *Was die
Schule kann: Denken lehren* nun mit einem Satz aus-
klingen, der doch sehr an meiner eben angedeuteten
pädagogischen Grundüberzeugung rüttelt. Nach der
Beschreibung von „wissens- und objektgebundenen
Operationen, die in einem guten Unterricht geübt werden" und der damit verbundenen Schlussfolgerung,
dass das Ziel, den Schülern selbstständiges Denken
beizubringen, an die Voraussetzung gebunden ist, den
„Weg über das Lehren" gegangen zu sein, packt der
Autor anschließend den finalen Hammer aus: „Es gibt
insofern kaum einen dümmeren Satz über schulische
Erziehung als den, man solle nicht Fächer unterrichten, sondern Schüler" – eine Einschätzung, die
eine nicht gelinde Verwirrung, fast möchte ich sagen
Verstörung in mir ausgelöst hat.

Aus diesem Grund habe ich das Kapitel noch einmal
gründlich gelesen, um mir darüber klar zu werden, ob
Kaube nun recht hat mit seiner Schlussfolgerung und
ob ich bereit bin, ihm hierin zu folgen. Zu Beginn des
Abschnitts zeichnet der Autor das Bild vom zentralen
und pragmatischen Anliegen von Bildung, nämlich
der *Vorbereitung auf das Leben.* Diese bestehe nicht nur
aus den Dimensionen eines Berufs- und Erwerbs-
daseins, sondern auch aus vielfältigen anderen Herausforderungen und Rollenmustern, beispielsweise einem
Dasein als künftiger Konsument, Wähler, Tourist etc.
Vor allem aber diene die *Vorbereitung auf das Leben*

auch den diffizilen Versuchen, Entwürfen und Anstrengungen, herauszufinden, *wer man eigentlich ist.* Hierin kann ich Kaube mit großer Zustimmung folgen, ebenso wie bei den nächsten gedanklichen Schritten, die *das Lernen* in zwei Bereiche kategorisieren. Nämlich dem Lernen „am Stoff", dem absichtlichen Lernen, das wichtig sei, auch wenn viele gelernte Wissensbestände schnell wieder vergessen sein oder gar nicht erst für das Berufsleben gebraucht würden, und dem Lernen von, wie er es nennt, „beiläufigen Effekten", die nicht in den Lehrplänen erwähnt würden, aber durch die alltäglichen Lernprozesse und die damit verbundenen Umstände am Arbeitsplatz Schule entstehen (etwa die, Personen einschätzen zu können oder praktische Konfliktfähigkeit im Alltag zu entwickeln).

Im Anschluss daran analysiert Kaube den „Megacontainerbegriff" der sogenannten *Kompetenzen* und arbeitet messerscharf, kenntnisreich und sehr ironisch die Defizite und Denkfehler des sich modernistisch und progressiv gebenden *kompetenzorientierten Unterrichtens* heraus, die vor allem darin bestünden, dass ein weitgehendes Desinteresse an und ein Nichtberücksichtigen von *Inhalten* erst die Voraussetzung dafür sei, dass man nur so das *Lernen des Lernens* einüben könne...

Ein Stück aus dem Tollhaus, möchte man meinen, und man (in dem Falle: ich) möchte zusätzlich verzweifelt noch mit den Füßen aufstampfen und die Fäuste ballen: verbinde ich doch die schlimmsten Erfahrungen in meinem Pädagogendasein mit der früheren Zwangsbestallung zum *Kompetenzbeauftragten* unserer Schule, verknüpft mit modularisierten Fortbildungsseminaren - ein stetig blubbernder, eitler und sinnentleerter Begriffssalat und eine „besonders dramatische Art, den Unterricht zu verblöden", wie es Kaube formuliert. Statt also dieses rhetorischen und semantischen Nebelkerzenkonzepts setzt Kaube auf den Wert und die Verknüpfung von Erfahrung und Wissen und darauf, dass das *Denken dem Wissen folge und das Können dem Geübthaben.* Ein kognitiv anspruchsvoller Unterricht in diesem Sinne (und auch in meinem Sinne) setze voraus, dass die Schülerinnen und Schüler über einen Kernbestand an Kenntnissen und Erfahrungen verfügten bzw. dass sich eine Wertschätzung des Lernens erst durch den vorherigen Prozess des Lehrens, des Erweiterns des Wissens ergibt, durch das Einüben der oben schon angedeuteten „wissens- und objektgebundenen Operationen".

Bis dahin kann ich Kaubes Überlegungen und Einsichten absolut und voller Überzeugung folgen, vor allem, weil ich darin als Essenz die so bereichernde Wertschätzung von Erfahrung und von Wissen für den Lernprozess erkenne, welche gleichzeitig erst die Voraussetzung für Letzeres darstellen. Zugleich wird dabei mehr als deutlich, dass nur so der Anspruch, den Schülern das Denken zu lehren, realisierbar wird: als ein objektnaher Vorgang und nicht als ein einzupaukendes und wissensentkerntes, als gleichsam hohles Ritual. Das wird besonders deutlich dort, wo Kaube das bloß formale Einüben von diversen Ge-

sprächsformaten (Dialog, Referat, Arbeits- und Streit-
gespräch, Buchvorstellung) kritisiert, wenn dieses Trai-
ning sich keinen Deut darum schert, *woher* die dafür
benötigten Haltungen und Meinungen denn nun eigentlich herkommen bzw. welche erbärmlich kleine
Bedeutung es dabei (für die *progressiven* Pädagogen)
hat, über welches Wissen der Schüler bezüglich dieses
zu trainierenden Kommunikationsverhaltens verfügt.

So weit, so gut. Wie aber passt nun diese provokative
Schlussvolte zu dem Dargelegten? Was Kaube bis dahin beschrieben hat, berührt für mein Dafürhalten zentrale Fragen sowohl der Didaktik und Methodik als
auch der Lernpsychologie. Zugleich ist es ein lei-
denschaftliches Plädoyer dafür, dass das Lernen ganz
wesentlich an die Inhalte, an die Substanz und die Se-
riosität der einzelnen Fächer gebunden ist, eine Reve-
renz auch an die Anstrengungen, die es mit sich
bringt, sich Wissen anzueignen, und eine Kritik an der
Oberflächlichkeit, die sich in Lehrformen wie etwa
dem *kompetenzorientierten Unterricht* und dem so belieb-
ten *Methodentraining* von Klippert offenbart, ebenso
wie bei einer sogenannten *Spaßpädagogik*. Was aber (so
frage ich mich nun) hat diese Präferenz von Erfahrungen und Wissen zu tun mit der Frage, wie ich das
Verhältnis zwischen Fakten und Inhalten (den Fä-
chern) und dem Lernenden (dem Schüler) definiere
und gewichte? Ganz stichhaltig und plausibel erscheint
mir zwar im traurigen Lichte des *Kompetenzkonzepts* die
Richtigkeit von Kaubes Schlussbehauptung, ist doch
in dieser inhaltsarmen und begriffsbabylonischen Pä-

dagogik ein jeglicher fachlicher Anspruch obsolet geworden; somit lässt sich im Wortnebel sehr gut auch eine Haltung herauslesen, dass man angesichts eines sich stetig verändernden Wissens bzw. einer damit unterstellten Bedeutungsarmut von Wissen die *Kompetenzen* des Lernenden betont. Nur: ist es denn nicht auch denkbar, dass eine Lehrkraft zwar einerseits ganz vehement an der Bedeutung der fachlichen Inhalte für den Lernprozess festhält und diese ins Zentrum ihres Unterrichts rückt (als jemand, der *seine Fächer liebt*), zugleich aber auch die zu Unterrichtenden, seine Schülerinnen und Schüler, in einen gedanklichen Vordergrund rückt; der also tatsächlich in erster Linie *Menschen unterrichtet statt einzelner Fächer?* Oder ist eine solche Haltung (die ja mehr ist als „nur" Didaktik und Methodik) im Kern unvereinbar mit der Wertschätzung der Wissens- und Erfahrungsbestände, der fruchtbaren Inhalte seiner Fächer? Mehr noch: schließt der Ansatz, *statt Fächer Menschen* zu unterrichten, eine solche Wertschätzung streng logisch sogar aus?

Fragen über Fragen (in meinem Kopf sieht es derzeit aus wie unter dem Hempelsofa, und auch der Hund in meiner Pfanne bewegt sich unruhig hin und her). Fragen über Fragen – Trost finde ich zumindest zeitweilig in dem auf einem Button geprägten Spruch, wonach ich zwar nicht *die Lösung kenne*, aber doch immerhin *das Problem bewundere…*

Auf bald in Danzig...

Liebe Kolleginnen und Kollegen, verehrte Gäste und Ehemalige, werte Schulleitung, lieber Rudi,

wenn man den großen Kurt Tucholsky großzügig interpretiert, dann sollte jede Lobrede ja damit beginnen, die allergröbsten Mängel und Defizite des zu Preisenden schonungslos zu enthüllen. Tucholskys Prämisse folgend, begab ich mich also schnurstracks auf die Suche nach entsprechenden Fehler- und Schwächequellen des heute in den sogenannten *Ruhestand* zu verabschiedenden Kollegen Rudi Schäfer.

Auch dem oberflächlichsten und beiläufigsten Beobachter konnte im Laufe der Jahre und Jahrzehnte nicht entgehen, *natürlich nicht!!!* mit welch närrischer Affenliebe und Inbrunst das Herz des künftigen Pensionärs an einem sehr dubiosen und oft äußerst divenhaft auftretenden Fußballclub aus unserem schulischen Einzugsgebiet hing. Und nur höchst ungern entsinne ich mich dabei meiner von Vernunft, Fortschrittsglauben und Sportästhetik geprägten unzähligen Versuche, seine fußballerische Zuneigung unauffällig in Richtung Niederrhein zu lenken, wo der einzig wahre *Verein für Leibesübungen* die ballsporttechnischen Maßstäbe für ein sportbegeistertes Land wie das unsere schon seit langem repräsentiert --- genauso gut hätte ich als Einzelner versuchen können, mich dem Rosenmontagszug entgegenzustemmen und diesen aufzuhalten; denn selbst der Abstieg (der Plural wäre hier wohl angemessener), selbst der Abstieg aus der Bundesliga konnte den adlertragenden Rudi nicht dazu ermuntern, das einzig Richtige zu tun und seine Schwingen in Richtung des Fohlenolymps auszubreiten...

Andererseits markiert diese unerschütterliche Treue und unbedingte Loyalität aber auch Attribute, die den jahrzehntelangen pädagogischen Kampf- und Lehrgenossen unbestritten auszeichnen. Loyalität also und ganz viel Teamgeist, eine ausgeprägte Hilfsbereitschaft und eine unverbrüchliche Freundlichkeit: Eigenschaften allesamt, die die vereinstechnischen Verirrungen doch mehr als ausgleichen konnten.

Einmal jedoch angefixt, machte ich mich auf die Suche nach weiteren Defiziten und Misslichkeiten unseres pädagogischen *Grabowskis*, führte hierzu zahlreiche Interviews, wälzte Aktenberge und dokumentarische Altlasten, sprach mit allen möglichen (und unmöglichen) Kolleginnen und Kollegen und Vorgesetzten und recherchierte mehrfach sogar im Internet --- nichts. Keinem der Befragten wollte auch nur ein Wort des Tadels entschlüpfen, ein Hinweis auf charakterliche Fehlstellungen, ein Beleg für wesensartliche Deformationen. Nichts! Nichts dergleichen!! Rudi ist – das muss man so sagen – eine ziemliche Nullnummer in jeder Schurkenchronik.

Stattdessen pries ein jeder Rudis pädagogisches Geschick, sein Organisationstalent, seine didaktisch-methodischen Kompetenzen, vor allem aber und immer wieder sein offenes, warmes, hilfsbereites und stets freundliches Wesen (das ausdrücklich alle sich in der Schule aufhaltenden Kreaturen mit einbezog, natürlich auch und zuvörderst die ihm anvertrauten Schülerscharen) --- wovon ich mich durch unsere jahrzehntelange und durchweg fruchtbare Zusammenarbeit ja auch selbst und ausgiebigst überzeugen konnte. Hier ragten insbesondere drei zutreffend als *Nester* zu bezeichnenden Teamgruppen heraus, zum einen jene mit Conny Wicker-Harrer und Ulrike Gerbig als weiblichen Brückenköpfen sowie mit Jennifer Montanez als femininem Gruppenmitglied – drei außerordentlich begabte, kompetente und witzige Lehrkörper und somit drei adäquate Entsprechungen zu Rudis großen pädagogischen Qualitäten.

Neben der alltäglichen und durchweg sehr befriedigenden Unterrichtspraxis als Teamergebnis springen mich hierbei die unterschiedlichsten Erinnerungs- und Erlebnisfunken an, unmöglich, das alles strukturiert wiederzugeben: *Klassenfahrten – Hanau / Kompo 7 / sonnendurchflutete Hofgespräche – Wanderausflüge in den Taunus – Bundesjugendspiele – Rudis gelegentliche „Sünderkippchen" – Schmunzelorgien, Ratschläge und Gespräche – montägliche Fußballreflexionen auf höchstem Niveau* --- und immer wieder Rudis rastlose Rettertipps und Hilfsaktionen, wie sie eine technische Entwicklungsregion wie etwa die *Backstube* immer wieder benötigte. Mit welcher Geduld aber und mit welchem

Können Rudi hier immer wieder freundlich aushalf und mich so beriet, dass ich dann so manches Technikschäfchen (Schäferchen?) aus trostlosen Feucht- in konstruktive Trockengebiete leiten konnte...

Von Loriot wissen wir, dass ein Leben ohne Mops möglich ist, aber sinnlos. Ein künftiger Schulalltag aber... ohne Rudi? (wobei Rudi wohl weniger an einen Mops erinnert als vielmehr an einen durchtrainierten Windhund) ... - Diese Vorstellung treibt mich, offen gestanden, in eine nicht geringe Dumpfheit und Wehmut (und wenn ich mich so umschaue, bin ich beileibe nicht der einzige, den derlei Gefühle und Visionen heimsuchen); diese Vorstellung ist fast ebenso schwer zu realisieren wie die Hoffnung auf einen neuerlichen Meistertitel für die *Gladbacher Fohlen* oder die *stolzen Adler vom Main*; und diese Vorstellung wird spätestens dann völlig unerträglich sein, wenn *Fohlen* und *Adler* im nächsten Mai das Euro-League-Endspiel bestreiten werden...

Vor kurzem, lieber Rudi, sah ich einen schmerbäuchigen älteren Fußballfan auf der Zeil, dessen T-Shirt die Aufschrift trug: *Grabbi und Holz – der Eintracht Stolz...*Aber bevor ich jetzt auch noch zu reimen anfange und stümperhafte Reimwörter zu *Rudi* herbei bemühe, bewege ich mich weiter in unbeholfener Prosa, um dir einen fröhlichen, unbeschwerten, erfüllten und schönen Ruhestand zu wünschen --- und dass du dabei niemals vergisst, dass ein guter Schäfer seine Schäfchen --- aber auch das führt leider zu einem

106

ziemlich verwackelten sprachlichen Bild, deshalb: Bleibe bitte so, wie du bist, lieber Kollege: und das bitte nicht nur in der Ferne, sondern auch gelegentlich leibhaftig durch hoffentlich zahlreiche Begegnungen und Treffen, gerne auch mit sportlich orientiertem Gesprächshintergrund!
Alles Gute wünscht dir aus der Tiefe des Raumes

Dein Ex-Kollege

Manfred Netzer

Danzig, Mai 2020

Hört mal zu, die
Eintracht Deutscher Meister!
Welche Sensation!
Dieses freut nicht nur den Rudi –
und dass Bayern arg im Kleister
freut die übrige Nation…

Wirklich, hör mal zu, die
Eintracht: Deutschlands Beste!
Jubel allerorten!
Alle spielten sie für Rudi –
und nun feiern wir ganz feste
und dies nicht nur in Hessenorten…

Hört mal zu, die
Eintracht wirklich deutscher Meister!
(wie vom Fußballgott befohlen);
ach, wie mich das freut für Rudi ---
doch Europas Champ, wie heißt er
bald schon: *Adler* oder *Fohlen*-?

Mai 2020,
großes Euro-League-Finale:
wer wird sich die Krone holen?
Nächster Mai in Danzig
Wer bekommt Europas Schale:
Adler oder *Fohlen*-??

Rede zum Abschied meines Lieblingskollegen Rudi Schäfer, gehalten am 27.06.2019 – das im Gedicht antizipierte Euroleague-Finale war zu diesem Zeitpunkt durchaus noch möglich (trotz zahlreicher Abgänge auf beiden Seiten wie etwa Luca Jovic oder Thorgan Hazard)…

Geplante Stunden (II)

Wie geht das eigentlich genau vonstatten: das Planen einer Unterrichtsstunde? Welche Vorbereitungen sind dafür erforderlich, welche Materialien werden benötigt, welcher Schritt erfolgt auf den anderen, und wie berechnet man die einzelnen zeitlichen Etappen so, dass sie am Ende zum geplanten Lernziel führen, zum gewünschten Lernerfolg bei der Klasse-?

Wenn es nach den pädagogischen Theoretikern geht, den gestrengen *Fachleitern,* die den Unterricht des aufgeregt schwitzenden Referendaren besuchen und begutachten, hat man manchmal den Eindruck, man könne eine Unterrichtsstunde tatsächlich uhrwerkähnlich konzipieren und durchführen; streng unterteilt in verschiedene *Phasen,* die einem unerbittlichen zeitlichen Regiment unterliegen, durchwirkt von verschiedenen methodischen Ansätzen und unter Einsatz diverser Medien, ergibt sich eine nahezu perfekte *Vorführstunde,* ein fast vollkommen wirkendes Demonstrationsobjekt, so ideal, dass man es sogleich in ein *Lehrwerk für den mustergültigen Studienreferendar* übernehmen könnte...

Wenn da bloß nicht diese Wespe gewesen wäre. Sie glauben kaum, was die plötzliche Anwesenheit eines solchen Untieres (oder auch nur das Gerücht von seiner Anwesenheit) in einer fünfundzwanzigköpfigen Lerngruppe Pubertierender alles bewirken kann, die nun alles dafür tun, um eine Hauptrolle in einem *Lehrwerk für den mustergültigen Hysteriker* ergattern zu können... - Vorbei all die schönen und durchdachten Pläne, vorbei das zahnradartige Ineinandergreifen der so wunderbar erarbeiteten einzelnen Phasen, vorbei auch das so selbstbewusst formulierte Lernziel der Stunde – während in dem bedauernswerten Prüfling schon jetzt das nervliche Fracksausen beginnt, wenn er daran denkt, wie er diesen Kontrollverlust, dieses sichtbare Entgleiten der Regie, diese dramatische Pulverisierung der angestrebten Zielvorstellungen, wie er all dies direkt im Anschluss an die Stunde vor dem unerbittlichen *Zeremonienmeister* rechtfertigen soll...

Während meines eigenen Referendariats hörte ich einmal, dass solche *Unterrichtsbesuche* in der Ausbildung englischer Lehrkräfteanwärter gänzlich anderen Mustern gehorchen: in Form nämlich von *unangekündigten* Visiten der Ausbilder. Das hat zwar den nicht unerheblichen Nachteil, dass man den Probanden vielleicht zufällig dann besucht, wenn dieser nun wirklich einen dunklen bis schwarzen Tag erwischt haben sollte; dafür jedoch erscheint mir dieses Verfahren allemal realistischer als die unsägliche Schmierentragödie, die sich tagtäglich hundertfach in deutschen Unterrichtsräumen abspielt. Denn es liegt auf der Hand, dass diese *Unterrichtsinszenierung* mit einer realistischen Lernsituation ungefähr so viel zu tun hat wie die *Schlagerparade* mit echten Empfindungen oder Wahlkampfversprechen mit der realen Politik danach. Im Unterschied aber zu einer solchen künstlichen Realitätssimulation dürfte es bei englischen Unterrichtsbesuchen klar sein und entsprechend berücksichtigt und gewürdigt werden, dass es sich hier tatsächlich um einen wirklichkeitsnahen Ausschnitt aus der Kunst der Unterrichtsgestaltung handelt.

Um uns nicht misszuverstehen. Selbstverständlich bin ich ein Freund gut geplanten Unterrichts, und nichts schlimmer als die Lehrkraft, die ständig eine sogenannte *Türschwellenpädagogik* praktiziert, will sagen, eine Lehrerin oder ein Lehrer, die bzw. der den bevorstehenden Unterricht regelmäßig erst mit Betreten des Klassenraums plant. Und auch wenn der Lehrberuf ohne jeden Zweifel die hohe Kunst der Improvisation voraussetzt (dafür sorgen nicht nur die bereits erwähnten Wespen) und insbesondere die Überlegungen und Antworten der Schülerinnen und Schüler in einem Unterrichtsgespräch nicht immer so vorauszuberechnen sind, wie es viele Planungskonzepte für Unterrichtsbesuche nahelegen (nahelegen müssen), so sollte eine gute Lehrkraft andererseits doch didaktisch-methodisch einigermaßen versiert und in der Lage sein, ihre Unterrichtsstunden sorgfältig durchdacht und geplant zu haben. Dies gebietet aus meiner Sicht allein schon der Respekt vor den Kindern und Jugendlichen.

Natürlich wäre es wiederum ziemlich fragwürdig, wenn besagte Lehrkraft nicht auch auf ihre Erfahrungen und ihre Routine vertrauen könnte. Das meint, dass es eine wahrhaft herkulische Anforderung darstellen würde, *jede,* aber auch wirklich *jede* Unterrichtsstunde wie beschrieben zu konzipieren, eingedenk auch dessen, wie sich die allgemeinen Anforderungen an den Lehrerberuf in den letzten Jahrzehnten entwickelt haben – nicht zuletzt auch die stetig gewachsene Notwendigkeit, einen immer größeren Anteil an allgemeinen Erziehungsaufgaben wahrzunehmen und auszuüben. Und warum sollte man eine sich als sehr brauchbar erwiesene und für die Schüler ertragreiche Unterrichtseinheit nicht ein zweites oder ein drittes Mal durchführen? Wer hier laut lamentiert und stirnrunzelnd von der Inszenierung des immer gleichen *Trotts* spricht und den solcherart agierenden Pädagogen des Gefangenseins in ödester Routine zeiht, hat sicherlich noch nicht sehr oft vor einer Lerngruppe gestanden - und vor allem nicht jahre- und jahrzehntelang Unterricht abgehalten.

Aber zurück zu unseren schon erwähnten alltags- und realitätsgesättigten *Unterrichtsentwürfen* teutonischer Machart. Gerade als ein äußerst sprachverliebter Luftikus und Bewunderer und Verehrer der Sprache erinnere ich mich nur höchst ungern an die Qualen des damaligen Referendars, solcherlei Schriftstücke verfassen zu müssen. Allein schon das Stelzenhafte und Worthülsengetränkte, dieses Schreiben nach den Vorgaben eines verbalen Modellbaukastens, das ganze durch und durch formalisierte Anforderungsprofil, all das trieb mich seinerzeit in eine veritable Verzweiflung und in einen respektablen Zorn. Was für ein äffisches Theater! Was für eine intellektuelle Hochglanzonanie! Und wie viele devote Sprinteinlagen auf dem langen

Weg nach Canossa... - Damals machte ich die Erfahrung, dass das arme Referendariatswürstchen so gänzlich in Abhängigkeit gebracht wird vom Wohlwollen (oder auch der Tageslaune) einer gottähnlichen Autorität, der völlig unkontrolliert über Wohl und Wehe eines Pädagogiknovizen zu richten gestattet wurde. Zum Beispiel der *große Unterrichtsbesuch,* der so wichtige fünfte.

Für diesen hatte ich im Fach Gesellschaftslehre seinerzeit einen Planungsaufwand von mindestens einhundert Stunden betrieben, die schriftliche Abfassung noch ganz davon ausgenommen. Bei der Nachbesprechung zu dieser Stunde durfte ich traditionsgemäß und den Regeln entsprechend diese Reflexion mit meiner eigenen Einschätzung der Unterrichtsprobe beginnen und mich ein wenig darin austoben, was ich für gelungen ansah und wo Selbstkritik angebracht war – bis der Fachleiter hörbar durch die Nase einatmete und somit das Signal aussandte, dass nun der Maestro selbst mit einer Einschätzung dieser Lehrprobe begann. Ich weiß es noch wie heute, mit welcher Ouvertüre diese startete: *Der Einstieg war ganz in Ordnung – den Rest können Sie vergessen.* Dass die Unterrichtsstunde dann später dennoch mit der Note „Gut" bewertet wurde, zeigt meiner Einschätzung nach deutlich, wie hoch der Anteil an *Schwarzer Pädagogik* in diesem Ausbildungsssystem zu veranschlagen ist. Es ist das Gegenteil einer Anerkennungskultur und, mehr noch, ein Beleg dafür, dass das Heranzüchten von möglichst opportunistischen und gehorsamen Beamtenseelen in der Lehrerausbildung als eine Art Präambel betrachtet werden kann.

Natürlich ist es wichtig, dass Unterrichtsbesuche streng und konsequent besprochen und bewertet werden. Selbstverständlich ist es von großer Bedeutung, die künftige Lehrkraft auf Planungs- und Durchführungsfehler aufmerksam zu machen. Und selbstredend sollte eine solche Begutachtung auch die Option beinhalten, den nächsten Schülergenerationen zu ersparen, von einem unfähigen Pädagogen oder einer dilettantischen Pädagogin unterrichtet zu werden. Dennoch scheint mir die Lehrerausbildung in unserer Republik zur Gänze einer gründlichen Überarbeitung zu bedürfen, insbesondere was das *Unfehlbarkeitsdogma ihrer Päpste* (vulgo: Fachleiter) und deren Allmacht betrifft als auch die durch und durch artifizielle Handhabung der Unterrichtsbesuche.

Ich für meinen Teil jedenfalls werde eines Tages das in die Tat umsetzen, was ich mir nach dem Absolvieren meines Referendariats fest vorgenommen hatte: das Verfassen nämlich eines parodistischen Unterrichtsentwurfs mit allen Schikanen, wahlweise zum Thema des Toilettengangs oder des Kochens von Teigwaren...

Vertretungsstunde III

Kleines Lexikon einer großen Klasse

Abschlussfahrt

Kein Wort vom Gardasee an dieser Stelle! Meine eigene Abschlussfahrt fand zu einem Zeitpunkt statt, als ihr noch nicht einmal in Gedanken existiert habt. Verliebte mich damals übersterblich in ein bildschönes Mädchen mit dunklen Augen und Kleopatrafrisur, soff Schnaps, rebellierte still gegen alles, was nicht war wie ich, begann zu rauchen und kotzte ans Ufer des Neusiedler Sees. - Kleopatra liebte mich nicht genug, und ich rauche noch immer.

Begriffsstutz

In jeder Klassengemeinschaft anzutreffendes Phänomen, das sich erfolgreich allen Bemühungen des Lernzuwachses entzieht. Verkleidet sich gerne als *Hä?* oder *Ja, wie-?*

Brüllen

Untaugliches Mittel der pädagogischen Feldmaus, sich vorübergehend in einen Löwen zu verwandeln.

Charakter

Aabuuuh – jetzt aber ein ganz wuchtiger Begriff. Furchtbar schwer zu erklären, finde ich. Vielleicht so: das, was du im Dunkeln bist.

Gänsehaut

War für mich am Gardasee die zeitweilige Um-
mantelung meiner Knochen, Organe und Muskeln.
Aber auch gelegentlich schon davor.

Jährliche Treffen

Wahnsinn! Ihr besucht eine Klasse in einer staatlichen
Zwangsanstalt, geleitet von einem staatlich bestallten
Zwangsveranstalter, und wollt euch einmal jährlich
mit ihm treffen (habe ich doch hoffentlich richtig
verstanden?!). Leute, was soll ich sagen? Auf jeden
Fall würde ich kommen und zur Not sogar mein
eigenes Begräbnis schwänzen.

Konfliktfähigkeit

Gelegentlich sehr beleidigte Leberwurstgesichter,
Schmollmünder, geballte Fäuste, dunkler Empö-
rungsschaum auf den Lippen – vollkommen berechtigt
das, notwendig und in Ordnung. Aber manchmal auch
ein *Hm* oder ein *Na gut* oder auch ein *Ich denke noch
mal drüber nach*: vielleicht etwas länger und besser aus-
halten, dass es mehr als eine Sichtweise gibt (Tipp:
noch viele Erwachsenenkurse frei...)

Magie

Unerklärliche Dinge geschehen: Murmeltiere brüllen,
Faultiere arbeiten emsig, Stinktiere arbeiten bei *Doug-
las*. Und Lehrer hören ihren Schülern einfach mal zu.

Nettsein

Kann jedes Arschloch, gewiss. Wunderbarer Weg, um

Schwierigkeiten zu vermeiden und vielen Konflikten elegant aus dem Weg zu gehen. Aber auch unbedingte Voraussetzung zur Verfreundlichung der Welt.

Keine Ahnung, was da los war. Ehrlich nicht. Vermute allerdings stark, dass es der Tag zwischen dem 15. und dem 17.10.2005 war. Und ich weiß auch, dieser Tag war so einmalig und unwiederbringlich wie dieser Moment jetzt, da ihr diese Notiz lest...

Optimismus

Nehmt die Dinge doch bitte nicht so tragisch, wie sie nun einmal sind.

Pizzaessen

Abschiedsschmaus am Gardasee. Wunderbare Stimmung vor wagenradgroßen Pizzen (Pizzas??) in airbusreifengroßer Freundlichkeit. Aber: letztes Essen. Henkersmahlzeit (wie wäre es, nächstes Jahr, selbe Zeit, mit einer erneuten Pizzaversammlungsfreude (also: 15.06.2008)???

Theorie

Die Idee ist ein Gedanke im Smoking. Die Praxis hingegen trägt einen Overall, einen Kittel, eine Schürze oder einen Blaumann. – Und welche rhetorischen Figuren wurden hier verwendet? Na? (einmal Lehrer, immer Lehrer...)

Aus dem bereits erwähnten Abschiedsbuch an meine damalige Klasse

Die Krone absetzen

I.

Stoßlüften: Während des Unterrichts alle zwanzig Minuten mit weit geöffneten Fenstern lüften

Quelle: Umweltbundesamt

Ich gehe am Büro unserer Schulleiterin vorbei und kann erkennen, dass dort irgendwelche schwarzen Dinge gelagert sind, Taschen oder Verpackungen, etwas Ominöses. Neugierig geworden, trete ich näher und werde dann von der Chefin herein gewunken. Auf meinen fragenden Blick hin seufzt sie und erklärt mir, dass gestern diese vierundachtzig Laptoptaschen geliefert worden seien. Aber bevor ich meiner Bewunderung darüber Ausdruck verleihen kann, dass unser Kultusministerium bzw. das zuständige Schulamt nun doch (wenn auch reichlich verspätet) auf die schulischen Zustände inmitten der *Coronakrise* reagiert und somit ein konstruktives Verhalten an den Tag gelegt hat, seufzt sie erneut und beklagt gestenreich das Fehlen von Inhalten, sprich: dass lediglich die *Laptoptaschen* verschickt wurden, nicht aber die eigentlich dazugehörigen *Endgeräte*. Diesen Vorgang könnte man, so überlege ich, nunmehr schon fast als eine Art Traditionspflege auffassen, als etwas jedenfalls, das den nicht wirklich überraschen kann, der als *Praktiker* an der pädagogischen Front doch schon so einiges erlebt hat...
Im Unterschied zum Beginn der Pandemie sind der-

121

derzeit – gut ein halbes Jahr danach, im Spätherbst dieses seltsamen Jahres 2020 – einige Dinge recht gut organisiert. So verfügt jeder Klassenraum unserer Schule über ein stattliches Paket an Papiertaschentüchern, über Flüssigseife und Desinfektionsmittel. Die hilfreichen Hinweise des Umweltbundesamtes, die uns vom Schulamt zugeleitet wurden, lassen sich in den meisten Räumen praktizieren (wir sprechen dabei natürlich noch von moderaten Außentemperaturen und denken nur gelegentlich an den nahenden Winter). Bei der Stundenplangestaltung wurde versucht, dem *Infektionsgeschehen* so gut es geht Rechnung zu tragen, auch wenn sich das *Kohortenprinzip* (dieses Jahr brachte unter anderem auch eine beträchtliche Erweiterung des allgemeinen Wortschatzes mit sich) nicht für alle Lerngruppen anwenden lässt.

Trotz einiger *Coronafälle* (sowohl in der Schülerschaft als auch bei den Lehrkörpern) sind die Akteure an unserer Schule doch mehrheitlich bestrebt, im Rahmen der pandemischen Zustände ihren Pflichten nachzukommen und so etwas wie *Normalität* zu simulieren. Allerdings hat sich für uns vor allem nach den Herbstferien sehr deutlich gezeigt, dass die *Simulationskünste* des hiesigen Schulamts als auch der lokalen Gesundheitsbehörde ein weitaus höheres Niveau an den Tag legen. So zeigt sich dieser Tage sehr deutlich, dass deren Strategie der *Nachverfolgung* angesichts von Inzidenzwerten weit über der proklamierten Höchstgrenze von 50 Neuinfektionen pro 100.000 Einwohnern innerhalb von sieben Tagen --- dass dieser Ansatz gründlich in den Sand gesetzt wurde (bzw. vielleicht auch: gesetzt werden musste). Nicht nur unsere Schule musste dabei die Erfahrung machen, dass die standardmäßige Reaktion der Gesundheitsbehörde auf die Meldung eines *Verdachtsfalles* nur noch darin besteht, nachzufragen, ob alle Unterrichtsakteure Masken trügen und ob regelmäßig gelüftet würde. Und falls dem so sei (also falls wir uns an die uns aufgetragenen Verhaltensregeln hielten), so seien keinerlei weitere Maßnahmen nötig...

Um Missverständnissen vorzubeugen: die Klagen über eine solche staatliche Ignoranz sind zwar aus meiner Sicht berechtigt. Dennoch sollte man bei dieser Kritik stets die gegenwärtig komplette Überlastung dieser Behörde bedenken, eine Folge auch der langjährigen neoliberalen Ausrichtung unseres Gemeinwesens und der damit verbundenen Austrocknung auch zentraler Bereiche der allgemeinen Daseinsvor- und fürsorge. Zudem sollte man nie außer Acht lassen, *wem* das Gemeinwesen diesen enormen und kontinuierlichen Anstieg der Neuinfektionen (und der schlimmen Zahl der damit verbundenen täglichen Todesfälle!) hauptsächlich zu verdanken hat. Zahlreiche Untersuchungen haben ergeben, dass das nicht angemessene und ebenso rücksichtslose wie egoistische Freizeitverhalten vieler *Privatmenschen* als wesentlicher *Treiber* für diese Neuinfektionen verantwortlich zu machen ist. Dass dies nicht nur die mittlerweile bedrohliche Situation in den Krankenhäusern zuspitzt, sondern auch das Konzept der *Nachverfolgung* hat scheitern lassen, nimmt besagter Kritik einiges an Schärfe. Was für uns Lehrkräfte allerdings kaum tröstlich sein kann. Auch wenn wissenschaftlich noch immer nicht erwiesen ist, wie *infektiös* Kinder und Jugendliche nun tatsächlich sind, scheint mir die skizzierte Praxis nicht nur bedenklich bezüglich der angezeigten Fürsorgepflicht unseres Dienstherrn, sondern auch hinsichtlich des Ansinnens, besagtes Infektionsgeschehen in einem kontrollierbaren Rahmen zu halten.

II.
Wie lange wird gelüftet? Im Winter drei bis fünf Minuten, im Sommer zehn bis zwanzig Minuten

Nach den ersten landesweiten Schulschließungen im März dieses Jahres betraten wenig später zunächst die Abschlussklassen, dann nach und nach die anderen Lerngruppen wieder ihre Klassenräume. Die Aufgaben vor allem hinsichtlich der anstehenden Haupt- und Realschulprüfungen wurden im (fälschlicherweise als solcher bezeichneten) *Lockdown* auf unserer Homepage hochgeladen, damit sie von unseren Schülerinnen und Schülern bearbeitet werden konnten; das wichtigste Arbeitsmedium hierbei war – in Ermangelung besagter Endgeräte – die Korrespondenz via E-Mail. Mir war es in dieser Zeit allerdings mindestens genauso wichtig, mich mit den Jugendlichen auch *nichtfachlich* auszutauschen, sie zu ermutigen und zu ermuntern und immer wieder daran zu erinnern, dass sie inmitten dieser Krise keine Angst haben müssten, mitsamt all ihren Fragen und Sorgen und Ängsten „unterzugehen". Mit anderen Worten: das Pädagogische musste (zumindest meiner Auffassung nach) als mindestens ebenso wichtig, wenn nicht als dringlicher bewertet werden als das Didaktische und der berühmte *Lernstoff*.

Jetzt, im Spätherbst, sind mir zwei Dinge vor allem noch in Erinnerung. Als Erstes sollte die deutlich greifbare Verunsicherung, ja Verstörtheit der Jugendlichen notiert werden (auch diese erlebten ja erstmals eine solche Pandemie – als Pubertierende allerdings und eben nicht als „gereifte Erwachsene"!). Allein bei diesem Gedanken erscheint mir die eben skizzierte Priorisierung als nachgerade richtiges und notwendiges Verhalten. Zum anderen darf ich feststellen, dass die überwältigende Mehrheit der Schülerinnen und Schüler hierbei eine bemerkenswerte Disziplin und Rücksichtnahme an den Tag legte und darüber hinaus Vernunft, Sensibilität und ein Sozialverhalten, das durchaus zu Hoffnungen für unser auch künftiges Gemeinwesen berechtigt.

Nach den Sommerferien, als die Inzidenzen deutlich gesunken waren und Zahlen von über 50 bundesweite Ausnahmen bildeten, wurde ich überwiegend in Lerngruppen der achten Jahrgangsstufe eingesetzt, natürlich auch als Klassenlehrer (ich war bisher ausnahmslos Klassenlehrer). Auch bei diesen zwei Jahre jüngeren Schülerinnen und Schülern erlebte ich ein ähnliches Verhalten wie bei unseren „Abgängern". Allerdings wurden vor allem zum Herbst hin die Lernbedingungen immer schwieriger. Obwohl sich speziell mit meiner neuen Klasse eine sehr konstruktive und freundliche und von gegenseitigem Respekt geprägte Unterrichts- und Lernatmosphäre etabliert hatte, sprach eine nicht kleine Anzahl von Schülerinnen und Schülern extrem leise, ein Umstand, dessen Auswirkungen durch die bald schon obligatorische Mund-Nase-Bedeckung noch verstärkt wurde. Zudem korrespondierte das anempfohlene Lüftungsgebot auf äußerst destruktive Weise mit dem zunehmenden Verkehrslärm unmittelbar vor unseren Fenstern. Und auch die häufigen Bauarbeiten passten nicht recht in ein *Unser-Lehrer-Doktor-Specht-Idyll*.

Gegenwärtig jedoch steht unsere Stadt in der bundesweiten *Top Ten,* was die Inzidenz betrifft (wobei Kommunen und Landkreise mit dem schon genannten Wert von unter 50 kaum noch aufzufinden und Zahlen von weit mehr als 200 fast schon die Regel sind). Und natürlich stellt sich die Frage, ob Schulen und Kitas in einem sogenannten *Hotspot* nicht auch schon automatisch als ebensolcher anzusehen sind (jedenfalls solange nicht wissenschaftlich belegt ist, dass Kinder und Jugendliche weniger ansteckend sind als die Erwachsenen). Die Prämisse jedenfalls, dass Schul- und Kitaschließungen *unbedingt* zu vermeiden seien und dies vor allem mit dem stets bemühten *Recht auf Bildung* begründet wird (oder auch als wichtiger Beitrag zur *Bildungsgerechtigkeit*) – diese Zielsetzung scheint mir angesichts der offensichtlichen Untätigkeit der Bildungspolitiker seit den Sommerferien schon deshalb mehr als fragwürdig.

Natürlich ist eine solche Pandemie für uns alle eine vollkommen neuartige Situation, in der wir alle enorm dazuzulernen haben (und uns vielleicht auch später allerhand zu „verzeihen hätten", wie es unser Gesundheitsminister im Frühjahr formulierte). Dennoch kann man sich nur schwer des Eindrucks erwehren, dass man in Ministerium und Schulamt wenig bestrebt ist, die derzeitigen Zustände einmal realistisch wahrzunehmen und mit einem auch präventiven und fürsorglichen Verhalten zu verknüpfen.

III.

Nach jeder Unterrichtsstunde von 45 Minuten über die gesamte Pause lüften

Natürlich bin ich mir der privilegierten Position bewusst, die der Status eines Beamten nicht nur in den Zeiten einer solchen Pandemie mit sich bringt. Im Gegensatz zu sehr vielen anderen Arbeitnehmerinnen und Arbeitnehmern (und vielen Selbstständigen und Studierenden) muss ich mir bezüglich meiner beruflichen Existenz keine Sorgen machen. Auch dieses Grundgefühl existentieller Sicherheit veranlasst mich tagtäglich dazu, die Befürchtungen derer ernst zu nehmen, die sich nicht darauf verlassen können, dass ihr Bankkonto regelmäßig gefüllt wird. Auch ist mir die Bedeutung von Schulen und Kitas als zuverlässiger Betreuungsinstanz für den Nachwuchs nicht gänzlich verschlossen geblieben, gerade auch für die vielen Menschen, die ihre Kinder aus irgendwelchen Gründen allein aufzuziehen haben. Der entsprechende Stellenwert der Bildungsinstitutionen wird auch dann besonders deutlich, wenn andere Einrichtungen aus epidemiologischen Gründen ihre Pforten schließen müssen, Sportvereine vor allem, aber auch andere soziale Initiativen, die sich um Kinder und Jugendliche kümmern.

All das voraussetzend und freundlicherweise auch mit bedenkend, erlaube ich mir dennoch die auf den vorigen Seiten geäußerte Kritik. Denn umgekehrt betrachtet, darf das eben skizzierte Privileg nicht dazu führen, dass wir als verbeamtete Lehrkräfte nun bedingungs- und kritiklos alles hinzunehmen hätten, was an unseren Schulen angeordnet und praktiziert wird (und dies nicht nur in pandemischen Zeiten). Nicht erst seit dem Auftreten des Coronavirus hat sich der Eindruck verfestigt, dass all die vielen und feierlich-beschwörenden Phrasen von der enormen Bedeutung von Bildung und Bildungsgerechtigkeit größtenteils als Bestandteile von Sonntagsreden gelten müssen, die in der werktäglichen Praxis jedoch nur als Spurenelemente aufzufinden sind. Wie anders etwa ließe es sich deuten, wenn man die deutschen BSP-Anteile für Bildungsausgaben mit denen anderer (und nicht nur europäischer) Nationen vergleicht? Wie lässt es sich ernsthaft erklären, dass sich nicht nur die digitale Ausstattung an Schulen noch immer auf einem bemerkenswert jämmerlichen Niveau befindet, zu schweigen von sanitären Anlagen und hygienischen Mindeststandards? Diese (jahrzehntealten) Mängel legen die Vermutung nahe, dass Bildungspolitik zu wenigstens 90% in den Händen der jeweiligen Finanz- und Wirtschaftsministerien zu liegen scheint (allzumal in Zeiten der *Schwarzen Null*) – anders lässt sich aus meiner Sicht die praktizierte und fast schon tradierte Geringschätzung von Bildung schwerlich interpretieren.

Zwei andere Beispiele vielleicht. Während der gesamten Sommerzeit wurde in vielen Medien immer wieder darüber diskutiert, wie sinnvoll der Einsatz sogenannter *Luftfilter* in Schulen angesichts des Fortdauerns der Pandemie in der winterlichen Witterung sein könnte. Einem Bericht des Magazins „Monitor" konnte man entnehmen, dass sich die Kosten für eine Ausstattung aller Klassenräume in der Republik auf etwa eine Mrd. Euro beliefen: verglichen mit den Mitteln, die man für Kurzarbeitergeld, existenzerhaltende Verdienstausfälle und zur finanziellen Abstützung großer Konzerne wie etwa der „Lufthansa" aufgewendet hat, ist dies sicherlich kein Betrag, der einen Bundes- oder Landeshaushalt zu sprengen imstande wäre.

Natürlich stecken auch hier, wie in vielem, zahlreiche Teufelchen im Detail. So gibt es natürlich verschiedene Modelle an Luftfiltern, solche auch, bei denen man (aber wer?) täglich die Filter auszutauschen hätte; auch erfordert die Frage der Wirksamkeit hinsichtlich der Ansteckungsrisiken gründliche und sorgfältige Studien; und schließlich ist auch nicht von der Hand zu weisen, dass die Verwendung dieser Filter möglicherweise dazu führen könnte, die (relativ) einfach zu praktizierenden Abstands- und Hygieneregeln im Schulbetrieb zu vernachlässigen. Dies alles sind berechtigte und genauestens zu untersuchende Aspekte, gewiss. Die Hände aber einfach in den Schoß zu legen und so gar nichts in dieser Richtung zu veranlassen, muss aus meiner Sicht zumindest als grob fahrlässig bezeichnet werden. Vor allem, wenn man bedenkt, dass schätzungsweise ein Viertel aller bundesdeutschen Klassenräume über keine von Hand zu öffnenden Fenster verfügt...

Oder die bereits erwähnten Laptoptaschen, die inhaltslos im Büro der Schulleiterin liegen. Warum wird uns als einer sogenannten *Brennpunktschule* die spätere Lieferung von nur 84 Laptops für unsere Schülerinnen und Schüler zugesichert, während dem Gymnasium im benachbarten Stadtteil über 120 dieser Geräte versprochen werden? Die Antwort ist erschreckend banal, bürokratisch spröde und sozialpolitisch fragwürdig: weil als ausschließliche Bemessungsgröße für die Anzahl der Endgeräte die Anzahl der Schülerinnen und Schüler zugrunde gelegt wird. Dass die Eltern der Kinder vom Gymnasium in der Regel über einen nicht nur finanziell gänzlich anderen Hintergrund verfügen und deren Kinder deutlich häufiger mit adäquaten Computern und Laptops versorgt sind, während dies bei unseren Lernenden eher die Ausnahme bildet, findet so gar keine Berücksichtigung. Zu Beginn des Schuljahres organisierten die Klassenlehrkräfte an unserer

Schule schriftlich eine sogenannte „IT-Abfrage", welche einen Bedarf von über 420 Endgeräten ergab – der Begriff der *sozialen Gerechtigkeit* setzt meiner Ansicht nach etwas voraus, was die Kultusbürokratie aber zur Gänze vermissen lässt: die Kunst nämlich der *Differenzierung*...

IV.

Querlüften: Wenn möglich, gegenüberliegende Fenster gleichzeitig weit öffnen

Ich gehe am Büro unserer Schulleiterin vorbei und kann erkennen, dass sich die Dinge nun doch weiterentwickeln. Denn dort sind jetzt 84 hellbraune Päckchen gestapelt: offenbar die Füllung für die schon gelieferten Laptoptaschen. Neugierig geworden, trete ich näher und werde von der Chefin herein gewunken. Auf meinen triumphierenden Blick hin seufzt sie und erklärt mir, dass diese Pakete tatsächlich die avisierten Laptops enthielten, aber --- und dieses Aber lässt mich zehn Minuten später entgeistert zurück ins Lehrerzimmer laufen.

Denn waren bereits die erwähnten Laptoptaschen leer gewesen, so sind es diese Pakete nicht minder. Will heißen: die Geräte müssen jeweils mit einem Betriebssystem ausgestattet, eingerichtet und konfiguriert werden – ein Vorgang, für den unsere durchaus technikaffine Chefin eine jeweilige Installationszeit von etwa 150 Minuten taxiert. Pro Gerät. So weit, so schlecht. Hinzu kommt jedoch der beklagenswerte Umstand, dass dies ausschließlich die Chefin (in ihrer Eigenschaft als Schulleiterin) durchzuführen hat und nichts davon an ihre Lehrkräfte delegieren darf, da dies in ihren *persönlichen* Verantwortungsbereich falle bzw. sie selbst haftbar gemacht würde für dabei entstehende Fehler und Schäden. Besser lässt sich, so meine ich, kaum illustrieren, wie praxisfremd sich das Agieren bildungspolitischer und administrativer Bürokratie oft in der pädagogischen Realität erweist.

Abgesehen davon, deutet sich schon jetzt ein weiteres Problem ab, wenn denn diese Endgeräte vollständig eingerichtet sein werden: die Frage der Verteilung nämlich. Nach welchen Kriterien soll die Schule diese Laptops denn dann an wen verteilen? Wie begründet man es, dass dieses Kind nun vom Lande Hessen mit einem kommunikationsfähigen Rechner beglückt wird, während das andere sozusagen in die Röhre schaut? --- Auch hier lohnt es sich, erneut die schon erwähnten *Teufelchen* zu Rate zu ziehen. Vielleicht ist das alles nur eine zeitlich-logistische Schwierigkeit; möglicherweise erfordert die massenhafte Produktion dieser Geräte einfach mehr Zeit; vielleicht ist an eine terminlich abgestufte Verteilung gedacht (mit dem Ziel, nun wirklich alle Schülerinnen und Schüler unseres Bundeslandes mit solchen Segnungen zu erfreuen). Fragen über Fragen, die aber nicht befriedigend beantwortet werden, wenn man jetzt auf diese 84 hellbraunen Päckchen schaut – und auf die täglichen Meldungen der neuen Inzidenzen…

V.

Beim Stoß- und Querlüften sinkt die Raumtemperatur nur um wenige Grad ab und steigt nach der Schließung der Fenster schnell wieder an

Manchmal ist es tröstlich anzunehmen, dass wir als Menschen doch immerhin Wesen sind, die einen Begriff davon haben, was man *Zukunft* nennen könnte. Denn die Gegenwart trägt derzeit ziemlich düstere Farben. In wenigen Tagen werden die Winterferien vorbei sein, die Zahl der täglichen Neuinfektionen und Sterbefälle ist noch immer erschreckend hoch, die Lage in den Krankenhäusern nach wie dramatisch – und man weiß zurzeit noch nicht, wie genau sich das weihnachtliche Verhalten und dasjenige zum Jahreswechsel in Zahlen ausdrücken werden. Immer nur in der Gegenwart zu verharren, wäre unter diesen Umständen doch ziemlich trostlos. Und sich inmitten der Pandemie eine Zeit vorzustellen, in der es dann Erstgenannte nicht mehr geben wird, ist ein legitimes Bedürfnis, vielleicht auch so etwas wie eine kleine Kraftquelle.

Mit Ausnahme der Prüfungsklassen wird in unserem Bundesland für alle Klassen ab der siebten Jahrgangsstufe nun wieder Distanzunterricht angeordnet. Eine richtige Maßnahme? Ich bin kein Epidemiologe, kein Mediziner, kein Virologe, ich kann das nicht recht beurteilen. Mir scheint es, dass die jetzigen Zustände wohl auch Auswirkungen dessen sind, was sich nicht nur in unseren Schulen vor allem nach den Herbstferien als *Normalitätssimulation* bezeichnen ließe. Die täglichen Nachrichten und Berichte darüber jedoch, wie sich die Menschen inmitten dieser Pandemie jetzt teilweise verhalten, fordert ein Höchstmaß an Resilienz und Geduld, an innerer Stärke und Gelassenheit, gerade auch von denen, die dieses Virus ernstnehmen, weil sie erkannt haben, dass sie es ernstnehmen müssen – während andere in dümmliche Verschwörungsnarrative flüchten, in ein bequemes Schwarzweißdenken, in die Verantwortungslosigkeit derer, die den Begriff der Freiheit meist nur auf sich selbst beziehen können.

Diese Epidemie ist sicherlich nicht das erste Beispiel dafür, dass dem Anspruch, die *Krone der Schöpfung* zu repräsentieren, nicht nur ein Zacken fehlt, sondern ein ganzes Zackenensemble. Gleich, ob man hier die Art unseres Wirtschaftens nimmt, des Reisens, der Ernährung oder unseres Umgangs mit der Natur – jeder dieser Aspekte scheint geeignet, ihn als so defizitär und schwerwiegend zu werten, dass Ausbruch und Verlauf der Pandemie wohl in einem ursächlichen Zusammenhang damit stehen. Der vielgenannte Begriff der Rolle von Covid 19 als *Katalysator* unserer zivilisatorischen Missgriffe und Sünden weist in diese Richtung; ob er auch einen Impuls darstellen könnte, dieses globale Fehlverhalten zu überdenken und zu beseitigen, sei einstweilen dahingestellt. Es ist in der Tat tröstlich anzunehmen, dass wir als menschliche

Wesen in der Lage sind, ein Zukunftsbild zu entwickeln – auch wenn wir darin die nächsten viro-
logischen Schrecken wohl leider nicht werden aus-
klammern können.

Der Nagel

Das ganze teutonische Coronaelend mit fehlenden Impfdosen, ausbleibenden Testkapazitäten, mangelhaften digitalen Kontaktverfolgungsstümpereien, dieses barmend-bange Hinundherlavieren zwischen Grundrechtsbeschränkungen und ökonomischen Interessen, ein mittlerweile ziemlich unpassendes Sowohlalsauchtaktieren und Allenallesrechtmachenwollen --- man trifft den Nagel wahrscheinlich ziemlich nah auf Kopfesbreite, wenn man das auch als Spiegelung dessen betrachtet, was sich an unserer Schule ereignet hat und noch ereignen wird: als einen Mentalitätsaspekt nämlich.

Nach dem Wasserrohrbruch, der unsere Schule vor genau zweieinhalb Jahren ereilte, stehen wir nun, nach einigen Odysseen und haarsträubenden bürokratischen Burlesken, unmittelbar vor dem Einzug in unsere neue Holzmodulanlage. Heute war der Termin der Erstbegehung, an dem wir mit unserer tapferen Schulleiterin (einer - ungewollten - Expertin mittlerweile für Baurecht) unsere neuen Räumlichkeiten erstmals in Augenschein nehmen durften. Und – was dürfen wir hier künftig-? Strenggenommen eigentlich: nichts. Wir dürfen dort einziehen, immerhin, wir dürfen unterrichten, und das neue Ambiente sieht innen deutlich besser aus als bisher von außen wahr- und angenommen. Satan allerdings steckt, wie eigentlich immer, in den diabolischen Details... also: Diese Holzmodulanlage wird dort bis zu ihrem wahrscheinlichen Ende, also in etwa dreißig bis fünfunddreißig Jahren, als unser pädagogisches Habitat bezeichnet werden dürfen. Allerdings legt die Kommune großen Wert darauf, dass diese Anlage als *ihr* persönliches Eigentum zu bezeichnen ist. Was bedeutet, dass die Schule, in der künftig tagtäglich *realer* Unterricht stattfinden wird, lediglich als eine Art *Mieter* aufzufassen ist. Auch wenn hier künftig jede Menge Leben pulsiert und jede Menge Zukunft präfiguriert wird (ein eigentlich ziemlich wichtiger Ort also, wenn man davon ausgeht, dass das Wichtigste in jeder Schule die dort Lernenden sind) – so ist der nachfolgend beschriebene Nagel bzw. *Nichtnagel* doch sehr viel wichtiger als das eigentliche und äußerst mannigfaltige und bunte Leben, das in dem Gebäude künftig stattfinden wird.

Das bedeutet konkret: weder dürfen die Lehrkräfte in dieser gemieteten Anlage eigenes Mobilar hineinstellen (also keine Regale, Schränkchen, Sideboards, Kästchen) noch eine Kaffeemaschine oder einen Wasserkocher benutzen und noch nicht einmal eine unscheinbare Uhr aufhängen oder einen Wandkalender oder einen Bilderrahmen. Kein noch so kleines Nägelchen darf in die gemieteten Wände geschlagen werden... wobei zur Begründung einerseits der vorbeugende Brandschutz und damit einhergehende Versicherungsfragen angegeben werden oder aber sich auf das andersartige Rechtsverhältnis berufen wird, das sich durch das Vermieten ergebe.

Beide Begründungen aber fügen sich aus meiner Sicht zu dem zusammen, was vorhin schon als *Mentalitätsaspekt* genannt wurde, in dem ich auch eine Ursache für das teilweise desaströse Krisenmanagement in Sachen Covid-19 zu erkennen glaube: eine mehr als lebensferne Bürokratisierung und Überregulierung; ein wenig überzeugender Perfektions- und Absicherungszwang; ein hasenfüßiges Was-wäre-wenn-Denken, das jeglichen Pragmatismus und jedes Improvisieren und Ausprobieren lähmt; eine praxisenthobene Hierarchisierung im Verbund mit föderalem Zuständigkeitsdurcheinander; eine organisierte Verantwortungslosigkeit, gepaart mit Kompetenzverwirrungen, einfältigem Dienstwegbeharren und formalisierten Eitelkeiten und Eifersüchteleien; ein *Made in Germany* also mit der nunmehr gültigen Lizenz, im hinteren Mittelfeld der vierten Liga zu dümpeln; und das alles, das alles mit einer Geschwindigkeit, neben der jede Weinbergschnecke als ein Usain Bolt reüssieren könnte...

Das Ganze erinnert an Vorgänge, die sich vor Jahren im Zusammenhang mit der Errichtung eines Raumes für unsere Schülervertretung zugetragen hatten. Unser damaliges Ansinnen, diesen Raum doch einigermaßen behaglich einzurichten, gipfelte in dem Bedürfnis, dort auch zu Tischchen und Stühlen ein Sofa hinzustellen – was behördlicherseits empört und rigoros abgelehnt wurde. Denn ein Sofa, so wurde uns seinerzeit beschieden, ein Sofa stelle ein potenziell entflammbares und zum Brennen neigendes Objekt dar, und da ein solcher Brand sich ja *theoretisch* jederzeit ereignen

könnte, müsse man von Amts wegen die Ge-
nehmigung zum Aufstellen eines solchen Möbelstücks
in diesem Raume strikt verwehren...

Angesichts dieser ganzen Missstände aber, so meine
ich, sollte man es fast schon als eine *vaterländische
Pflicht* betrachten, dem ganzen Elend mit Subversion
zu begegnen, mit Witz und Mut und einem aus-
geprägten antiautoritären Gebaren-: und im Gefolge
dessen einfach den einen oder anderen Nagel in die
Wand zu schlagen, lächelnd, geradezu unverfroren
und illegal, einen Nagel der praktischen Vernunft und
eines nuancierten Sinnes für Realität...

Neues vom Viehmarkt

Wenn eine Lehrkraft grundsätzlich und – wenn auch nicht nahezu bedingungslos, so aber doch leidenschaftlich - seine anbefohlenen Schützlinge mag und sich glücklich schätzt, mit ihnen einen nicht gerade kleinen Teil seiner Lebenszeit verbringen zu dürfen-: dann gibt es natürlich auch Momente, in denen das besagte pädagogische Wesen zu hassen imstande ist. Hass zu verspüren aus tiefstem Herzen, einen tiefsitzenden und nahezu bedingungslosen Hass: gehört doch dieser sicherlich, als Pendant zur Liebe, konstituierend zur Grundausstattung der viel zitierten *Medaille*, ein Äquivalent sozusagen zur Freude, mit sehr jungen Menschen gemeinsam das Leben zu erforschen und vielleicht einen winzigen Anteil zu haben an deren Entwicklung hin zu mündigen Persönlichkeiten und vernünftigen und mitfühlenden Individuen...

Wem dies nun zu pathetisch klingt, zu entrückt und insgesamt deutlich zu dick aufgetragen: diesem Eindruck möchte der Autor nur ungern widersprechen. Vor allem, wenn man berücksichtigt, dass das weitaus meiste am schulischen Alltag und in der pädagogischen Praxis sehr viel nüchterner abläuft, geerdeter, wenn man so will, routinierter auch und sehr oft ohne die schwülstigen Zuneigungs- und Abneigungsfanfaren aus dem ersten Absatz. Aber dennoch – so schnell wollen wir den Hass denn doch nicht aufgeben und ihn nicht negieren. Denn im pädagogischen Geschäft gehört er zum Inventar derer, die von Liebe reden, wenn sie über ihren Beruf sprechen.

Damit wir uns nicht missverstehen. Das Hassobjekt sollte für den hingebungsvollen Lehrer doch niemals der ihm anvertraute Schüler sein – wohl aber *das*, was zum pädagogischen Alltag gehört wie das Arschauswischen zum Arsch. Mit anderen Worten: wir reden von der Kultusbürokratie.

Wo wir gerade vom Reinigen des Hinterteils sprachen – vielleicht finden es einige Menschen anmaßend, wenn ich mir bei dieser Tätigkeit schon oft etwas anderes wünschte als das einlagige und graue, das unanschmiegsame, derbe und rustikale Recyclingtoilettenpapier, das in so vielen Lehranstalten zur Hygieneausstattung der Bedürfniszellen gehört (in Schulamt und Ministerien, darauf verwette ich meinen Allerwertesten, geht es sicherlich dreilagig aufwärts, mit Blümchendekor und mit samtweicher Struktur) --- warum aber so viel Worte verschwenden, wenn ich doch in Wirklichkeit von etwas ganz anderem sprechen will…

Nun denn. Es gehört schon seit vielen Jahren im Spätwinter und Frühjahr zu den Gepflogenheiten der administrativen Zumutungen, dass die Klassenlehrkräfte der Schülerinnen und Schüler, die als sogenannte *Abgangsklassen* ihr schulisches Glück auf weiterführenden Schulen suchen, diese einzeln an die Hand zu nehmen (und davor und dabei natürlich mit einer Irrsinnsmenge an Formularen kämpfen müssen) und quasi *persönlich* dieser Beglückung zuzuführen haben. Und das geht so. Nachdem wir monatelang einen höchst heroischen Papiernervenkrieg zu führen hatten (man denke hier an das bissige Ringelnatzgedicht über den *Erfinder von Formularen)* und uns nun schon in einem bedenklichen Zustande neuronaler Zerrüttung befinden – dürfen wir uns dann nach den Halbjahreszeugnissen auf den sogenannten *Showdown* freuen. Dieser von uns schon seit Jahren nur noch als *Viehmarkt* bezeichnete Handlungsschritt (der im Übrigen auch zur Entmündigung unserer Schützlinge beiträgt, zumindest aber als ein Baustein zu deren fortgesetzter Unselbstständigkeit) besteht darin, dass wir uns in einer dieser weiterführenden Schulen einzufinden und dort höchstselbst unsere Eleven bewerben müssen (als hätte vorgenannter Papierkrieg nebst dem mehrfachen Ausfüllen der vielfach benötigten Anmeldeformulare und Dokumente niemals stattgefunden). Man stelle sich das doch nur einmal vor. Man betritt eine Art Turnhalle, an deren Breit- und Längsseite ringsum Holztischchen aufgestellt sind, hinter denen die geschätzten Kolleginnen und Kollegen der weiterführenden Schulen darauf warten, dass man ihnen das mehr oder weniger intellektuelle *Frischfleisch* lobhudelnd andient: eine doch durchweg indiskutable und – für alle Beteiligten – unwürdige Veranstaltung (wer am lautesten schreit, hat die besten Erfolgsaussichten).

Mir jedenfalls wollte sich dieses Spektakel noch nie so recht als notwendige, als sinnvolle Dienstleistung für meine mir Anvertrauten erschließen, im Gegenteil. Und tief in meiner Pädagogenseele habe ich dies stets und schlussendlich als so etwas wie einen *Verrat* an denen empfunden, für deren Mündigkeit ich doch jahrelang wacker und beseelt gekämpft habe. Dass das Ganze dann auch noch als *pädagogische Maßnahme* deklariert und anbefohlen wird, kann mich erst recht nicht überzeugen und verstärkt im Gegenteil meinen Widerwillen und die aufsteigende Übelkeit. *„Hier haben wir einen Schüler mit Schwächen in Rechtschreibung und Mängeln im sprachlichen Ausdruck, mathematisches Mittelmaß, im ästhetischen Bereich aber sehr motiviert und mit ausgeprägtem Sozialverhalten"*... --- am Ende eines solchen Viehmarktes stieg mir immer wieder das Bild vierlagigen und kuschelweichen Klopapiers in den Sinn, anschmiegsam, schleimhautzart und mit nettem Blümchenmuster, eine willfährige Adaption in die analen Abgründe derer, die nun so überhaupt keine Vorstellung davon entwickeln können, was die pädagogische Realität alles bietet – schlicht, weil sie keine Berührung mehr damit und keinerlei Ahnung davon haben.

Elternzeit

I.

Der erste Elternabend an der für die Kinder neuen Sekundarschule. Zu dieser Premiere erscheint --- nicht einmal die Hälfte der Erziehungsberechtigten. In Gesamtschulen, die in einem sogenannten *sozialen Brennpunkt* liegen, ist es nichts Ungewöhnliches, dass sich viele Eltern für den schulischen Werdegang ihrer Kinder offenbar wenig interessiert zeigen oder zumindest diesem recht wenig Zeit widmen, wenigstens außerhalb des häuslichen Nahbereiches. Natürlich kann diese Abstinenz auch daraus resultieren, dass sie häufig (weil sie mehrere schulpflichtige Kinder haben) als Erziehungsberechtigte mehrere Elternabendtermine zur gleichen Zeit haben. Sicherlich spielt es auch eine Rolle, dass sich ihnen die Mitwirkungsmöglichkeiten und auch –pflichten von Eltern aufgrund einer anderen soziokulturellen Herkunft und Prägung nicht recht erschlossen haben und ihnen Elternhaus und Schule somit als zwei völlig unterschiedliche Lebensbereiche fast ohne gemeinsame Schnittmengen erscheinen. Insgesamt und über viele Jahre verteilt lässt sich mit Gewissheit sagen, dass an *Brennpunktschulen* leider kein ausgeprägtes Engagement *vieler* Eltern zu beobachten ist. Diese Feststellung wird sich auch bei zukünftigen Veranstaltungen in dieser Klasse leider eindrucksvoll bestätigen, ebenso bei den Parallelklassen.

Szenenwechsel. Ein Vater ist mit der Bewertung der Deutscharbeit seines Sprösslings nicht einverstanden und bittet den Lehrer um entsprechende Aufklärung. Zum vereinbarten Termin erscheint der Vater recht schwungvoll, greift noch im Türrahmen stehend in die Innentasche seines Anzugs und entnimmt dieser eine Visitenkarte, die er der erstaunten Lehrkraft mit folgenden Worten überreicht: *Damit Sie es gleich wissen, mit wem sie es zu tun haben!* - Wir befinden uns in einem großen Gymnasium in der Speckgürtelperipherie der nahen Großstadt (und schütteln wie im ersten Falle nur verwundert unseren Kopf).

Beide Szenen eignen sich hervorragend für einen kulturkritischen Fernsehfilm zur Darstellung der Schulwirklichkeit von heute. Insbesondere die Rolle der wildgewordenen und an Arroganz kaum zu überbietenden Spießereltern *aus besseren Kreisen,* die dem Pädagogenwürstchen einmal so richtig den Marsch blasen, scheint eine gewisse Popularität zu besitzen, was ein Film wie *Frau Müller muss weg* eindrucksvoll demonstriert. Vorbei die Zeiten, als die Schule als staatliches Repräsentationssystem ein „Oben" vermittelte, dem sich der brave Untertan kritiklos zu beugen hatte. Vorbei auch die Vorstellung von „Pädagogen", die qua Amt eine nicht hinterfragbare Autorität ausstrahlten, sowohl bei ihren Zöglingen als auch bei deren Erzeugern. Nachlesen kann man dies etwa in *Unterm Rad, Der Schüler Gerber, Professor Unrath* oder in *Frühlings Erwachen,* wobei bei Letzterem Status und

Macht der Lehrkörper (genauso wie die Totalität ihrer damit verbundenen Lächerlichkeit!) sogar in deutlich sprechenden Namen bezeichnet werden.

II.

Heute ließen sich allenfalls noch Spurenelemente einer solchen Wilhelminischen Zuchtanstalt aufzeigen. Andererseits aber erweist sich die Schule gegenwärtig noch immer als ein enorm wichtiges Durchgangsmedium für eine berufliche Weichenstellung, wobei sich, wie alle PISA-Studien bestätigen, die soziale Herkunft sehr häufig als Sprungbrett für eine (akademisch geprägte) berufliche Erfolgsgeschichte zeigt: oder eben als ein Fundament zur Verhinderung wirklicher Chancengleichheit. Man denke etwa an den vor allem in Deutschland und Österreich vorherrschenden Selektionsdruck durch ein die sozialen Schichten markierendes und trennendes dreigliedriges Schulsystem, das in seiner fast feudalen Standesverfassung eher dem Abstammungs- als dem Leistungsprinzip entspricht.

Als ein Arbeiterkind, das durch sein proletarisches Elternhaus kaum nennenswerte und Bildungsprozesse initiierende kulturelle Impulse erfahren hat, arbeite ich als gelernter Gymnasiallehrer seit vielen Jahren schon an einer (erst *Kooperativen* und später *Integrierten*) Gesamtschule. Das bedeutet nicht, dass mich diese Schulform nun magisch in ihren Bann gezogen hätte und ich, die Fahne der sozialen Gerechtigkeit schwenkend, allmorgendlich euphorisiert das Schulgebäude betrete. Auch ist mir nicht entgangen, dass die Schule an sich wenig dafür geeignet ist, um sozialpolitische Ungerechtigkeiten und gesellschaftlich-ökonomische Fehlentwicklungen tatsächlich auszugleichen. Ich darf/muss sogar so weit gehen zu sagen, dass keiner, wirklich keiner der Anhänger der Idee einer Gesamtschule, mit denen ich bisher gesprochen habe, sein *eigenes* Kind an einer solchen angemeldet hat. Andererseits: Seit vielen Jahren schon treffe ich mich regelmäßig mit zwei befreundeten Kollegen aus unserer gemeinsamen Referendariatszeit an einem Gymnasium, die beide noch heute in dieser Schulform unterrichten. Und ich habe nach diesen Abenden kaum einmal das Bedürfnis in mir verspürt, wieder in einem Gymnasium zu unterrichten.

Die Schule hat sich dennoch in den letzten Jahren und Jahrzehnten in vielerlei Hinsicht sehr stark verändert, hat sich demokratisiert und liberalisiert und geöffnet und zeigt insgesamt doch ein deutlich anderes Verhalten der Lehrkräfte insbesondere gegenüber den in ihr lernenden Kindern und deren Eltern. Natürlich ist sie durch die grundgesetzlich verankerte Schulpflicht noch immer eine staatliche Zwangsinstitution, eine bürokratisch organisierte Anstalt, die etwa über Lehrpläne, Notengebung und Klassengrößen massiv in das Leben von sehr vielen (großen und kleinen)

Bürgern eingreift und für Weichenstellungen sorgt, die oftmals nur noch schwer zu korrigieren sind. Aber gleichzeitig zeigen sich doch recht überzeugende Beispiele für Demokratisierung und Partizipation, etwa in der Etablierung von Schülervertretungen und in Gremien wie Elternbeiräten oder auch in der Errichtung einer Schulkonferenz (in der sowohl Schüler- als auch Elternvertreter neben einer gewählten Auswahl von Lehrkräften sowie der Schulleitung über die wirklich entscheidenden Angelegenheiten einer Schulgemeinde beraten und entscheiden).

So weit, so gut. Nimmt man die Anfänge dieser elterlichen Partizipations- und Mitwirkungsmöglichkeiten aus der Weimarer Republik und verfolgt deren Entwicklung bis hin zu unserer jetzigen Bundesrepublik, so lässt sich durchaus von einer insgesamt positiven Zwischenbilanz berichten. Natürlich bleibt dabei die tradierte Arbeits- und Rollenverteilung, wonach die Familie für die *Erziehung* und die Schule für die *Bildung* der Kinder zuständig ist, ein auch weiterhin konfliktträchtiges Konstrukt. Auch wenn Artikel 6 Abs. 2 des Grundgesetzes gebieterisch verfügt, dass „Pflege und   Erziehung der Kinder [...] das natürliche Recht der Eltern und die zuvörderst ihnen obliegende Pflicht" sind, so relativiert der Gesetzgeber dies kurz danach, indem er indikativisch bestimmt, dass „das gesamte Schulwesen [...] unter der Aufsicht des Staates" stehe (Art. 7, Abs.1). Damit aber ist, juristisch gesehen, der schulische Bildungsauftrag dem elterlichen Erziehungsrecht faktisch *gleichgeordnet*. Das ergibt sich auch dadurch, dass die Schule nicht etwa erst im Auftrag der Eltern tätig wird, sondern autonom aus einer staatsrechtlichen Verbindlichkeit und Verantwortung heraus, in deren Mittelpunkt das/jedes kindliche Individuum als gleichermaßen zu schützendes wie zu förderndes Wesen steht (oder zumindest stehen sollte).

III.

Wir sprachen vorhin vom Konfliktpotential, das sich aus eben dieser Form der „Aufgabenverteilung" täglich ergeben könnte und täglich ergibt. Als Stichworte könnte man hier etwa „Kindeswohlgefährdung" und „Schulabsentismus" nennen, aber auch die Noten- und Zeugnisvergabe (und eben auch deren juristische Anfechtung), den Sexualkunde- und Schwimmunterricht, das Nachsitzen, Verstöße gegen elementare Schulregeln, die Beschwerde über ungerechte oder diskriminierende Lehrkörper oder ineffiziente Lehrmethoden etcpp.
Wir dürfen aber auch sprechen von vielfach gelingender, von konstruktiver und fruchtbarer Kooperation von Lehrern und Eltern (denn auch diese Erfahrung kann man durchaus häufig machen, vor allem, wenn die jeweils andere „Seite" nicht in einem wie auch immer gearteten Feindbild zementiert erscheint, sondern als ebenso gesprächsbereiter wie respektierter „Lernpate" des Kindes). Ich jedenfalls habe Letzteres oft so

150

erlebt, deutlich öfter immerhin als die oben skizzierten Konfliktsituationen.

Allerdings möchte ich das latent spannungsgeladene Verhältnis zwischen Eltern und Lehrern nun gerne aus einer anderen Perspektive betrachten, der nämlich der alltäglichen Praxis. Im Falle des eingangs skizzierten Elternabends ist die Sachlage erst einmal recht eindeutig: Mit Eltern, die nicht zum Elternabend erscheinen (und auch andere Gesprächsoptionen nicht wahrnehmen wie etwa einen Elternsprechabend oder die sogenannte *Laufbahnberatung*), mit solchen Eltern ist aus naheliegenden Gründen erst einmal kein Gespräch möglich; man müsste hier versuchen, individuelle Gesprächstermine zu vereinbaren, müsste erst einmal einen Kontakt herstellen, ein Kennenlernen ermöglichen etc. Das funktioniert nicht immer. Ich habe es leider nicht selten erlebt, dass ich Kinder fünf Jahre lang als Klassenlehrer unterrichtet habe, ohne deren Erziehungsberechtigte auch nur ein einziges Mal gesehen zu haben. Und dies besonders oft bei Kindern mit teilweise massiv ins Auge springenden Verhaltensauffälligkeiten und Defiziten vor allem verbaler und sozialer Natur. Im Klassenraum bedeutete dies für mich, hier zuvörderst und elementar *erzieherische* Aufgaben wahrnehmen zu müssen, die deutlich über das in der schulischen Realität übliche Maß an solchen *Erziehungsaufgaben* hinausgingen. Nebenbei bemerkt: die Notwendigkeit einer solchen *Erziehungsfunktion* der Pädagogen ist im öffentlichen Diskurs zu einem fast selbstverständlichen Gemeinplatz bei der Rollenbeschreibung der *modernen Pädagogik* geworden und wird oft in einem Nebensatz erwähnt – müsste aber Platz in mindestens zwanzig Hauptsätzen finden...

Im Falle des *Visitenkarten-Anwalts* aus dem Gymnasium ist meine Empfehlung für den Kollegen, der mir dies erzählt hatte, recht eindeutig. Ich würde den feudalen Zwingherrn freundlich anschauen und höflich bitten, das Zimmer zu verlassen und es noch einmal zu versuchen-: nämlich ein Mindestmaß an Respekt und Anstand bei seinem Auftritt zu zeigen (ich meine: immerhin bin ich ein Beamter und versuche alltäglich, ein menschenfreundliches und konstruktives Verhalten an den Tag zu legen, verantwortungs- und pflichtbewusst zu agieren und insbesondere auch den mir anvertrauten Kindern mit Respekt und Zuwendung zu begegnen - und muss mich dann von einem solchen Renommierrotzlöffel und Statusgorilla doch nicht derart behandeln lassen).

Aber damit haben wir nur ein (wenn auch nicht außergewöhnliches) Beispiel für ein extrem unhöfliches und arrogantes Auftreten von Eltern beschrieben. Zumindest meine Erfahrungen zeigen ein oft völlig anderes Verhältnis zwischen Eltern und Lehrkraft, ein wertschätzendes und freundliches, ein von Höflichkeit und gegenseitigem Respekt geprägtes Miteinander, in dessen Zentrum das Wohl des jeweiligen Kindes steht. Auch wenn sich seit einigen Jahren hier eine mir manchmal fremd erscheinende elterliche Konzentration *ausschließlich* auf das eigene Kind und ein Ausblenden von dessen Rolle und Bedeutung in *einem Ge-*

meinschaftsverband (der Klasse) beobachten lässt, so darf ich doch insgesamt bilanzieren, dass eine halbwegs gedeihliche, ja vertrauensvolle Zusammenarbeit zwischen Elternhaus und Schule durchaus keine Anomalität darstellt und vielmehr (zumindest von mir) als eine alltäglich erlebte Praxis bezeichnet werden darf.

IV.

Was sich hingegen zunehmend als problematisch erweist, betrifft eine ganz ordinäre, eine sehr alltägliche und wenig überraschende Dimension: die nämlich der Zeit. Der Zeit, die man bräuchte, um sich wirklich intensiver auszutauschen etwa über plötzliche Lernschwierigkeiten des Kindes, über gruppendynamische Zwistigkeiten, besorgniserregende Verhaltensentwicklungen oder Konflikte, die das Kind mit einem Kollegen hat. Dafür fehlt in einem Betrieb, als dessen Präambel - in meiner Wahrnehmung zumindest - das Produzieren von permanenter Hektik und Ruhelosigkeit fungiert, leider oft die Zeit.

Auch wenn ich mich damit einem leider sehr stereotypen Larmoyanzverdacht aussetze, so darf ich mir doch die Bemerkung erlauben, dass die reale Arbeitszeit selbst des faulsten und unengagiertesten Pädagogen nicht unter fünfundvierzig Wochenstunden liegen dürfte. Zudem haben sich auch die zeitlichen Strukturen geändert. Gab es vor zehn, fünfzehn Jahren an meiner Schule während einer Woche durchschnittlich ein bis zwei nachmittägliche Termine, so hat sich dies auf mittlerweile drei erhöht. Diese Steigerung resultiert nicht nur daraus, alle möglichen Themen und Angelegenheiten jedes Mal gleich in Form einer Konferenz oder Dienstbesprechung *durchzukauen* (verzeihen Sie bitte diesen Ausdruck), sondern ist auch das Ergebnis unentwegt anstürmender Erlasse aus den ebenso theoriegesättigten wie praxisfernen Räumen der jeweiligen Schulbehörden und Ministerialbürokratien.

Zum anderen ist es natürlich auch ein ernstzunehmender Umstand, dass nicht nur die Belastungen für uns Lehrkräfte deutlich gestiegen sind, sondern auch für die meisten anderen Arbeitnehmer. Und natürlich ist es dann für beide Seiten (für Lehrer und Eltern) nicht immer ganz einfach, einen notwendigen Gesprächstermin zu vereinbaren. Dafür gibt es, dies nebenbei bemerkt, keinerlei Entlastungen für uns Pädagogen, keine regelmäßige (und als Arbeitszeit angerechnete) Elternsprechstunde (geschweige denn eine solche mit Schülerinnen und Schülern). Wir sprachen vorhin von der Wochenarbeitszeit fauler und wenig engagierter Lehrkräfte. Sie können sich ausmalen, wie die von fleißigen und elanvollen Kolleginnen und Kollegen aussehen könnte (die in meiner Wahrnehmung die Majorität darstellen). Und schließlich sollte man auch bedenken, dass sich der Aufwand, die Mühe und die nervlichen Belastungen einer einzelnen Unterrichtsstunde schwerlich mit vielen anderen Tätigkeiten in Büros oder Fabrikhallen vergleichen lassen (wem das wieder sehr larmoyant klingen mag, der möge sich selbst einmal vorstellen, eine Woche in einem beliebigen Klassenraum zu verbringen).

V.

Was tun-? Die Eltern aller meiner Schützlinge bekommen zu Beginn des Schuljahres meine private Telefonnummer sowie meine Emailadresse, so dass erst einmal die Basis für eine erfolgreiche Kontaktaufnahme gelegt ist. Dies halte ich für eine Selbstverständlichkeit. Nicht nur nebenbei bemerkt: in all den Jahren habe ich hierbei nicht einen einzigen Mißbrauchsfall erlebt, keinen spätabendlichen Panikanruf (und nur einmal – aber dies über einen längeren Zeitraum – ein nächtliches Bombardement von mehr als trashigen, teils beleidigenden und meist völlig unstrukturierten Mailnachrichten einer, so muss ich es sagen, zutiefst neurotischen Mutter), so dass ich diese Methode durchaus empfehlen kann.
Allerdings berichten mir vereinzelt Kolleginnen und Kollegen von Hausbesuchen, die sie regelmäßig bei einigen Familien durchführten, oder auch von häufigen Telefonaten mit bestimmten Eltern. Ich selbst bin da äußerst skeptisch, und dies nicht nur, weil ich an der Bedeutung eines irgendwann einmal gelesenen Lehrsatzes festhalte, wonach auf Dauer *nur ein ausgeruhter Lehrer ein guter Lehrer sein kann.* Dies aber als eine Ausrede aufzufassen oder gar als eine Rechtfertigung für

eine gewisse Form der Faulheit, das können aus meiner Sicht nur Menschen behaupten, denen die Bedeutung von *Distanz* im Pädagogenberuf fremd geblieben ist. Als Lehrer fühle ich mich dazu verpflichtet, meiner Tätigkeit zwar mit Leidenschaft, Verantwortungsbewusstsein und Hingabe (richtig: mit Hingabe) nachzugehen, nicht aber, im unermüdlichen Einsatz zur Weltverbesserung und Menschheitsbebeglückung meine begrenzten Energien *distanzlos* aufzubrauchen. Dies gilt sowohl auf der Ebene des Unterrichts und des täglichen Umgangs mit meinen Schützlingen als auch hinsichtlich der nötigen Elternkontakte. Natürlich habe ich Fälle erlebt, in denen das auffällig hohe Schwänzen eines Kindes im Mittelpunkt stand, das häufige Nichtanfertigen von Hausaufgaben oder Verhaltensauffälligkeiten, so dass ein häufiger Austausch mit den Erziehungsberechtigten erforderlich wurde. Das heißt aber nicht, dass man nun jeden Abend miteinander telefonieren oder mailen müsste; ein persönliches und intensives Gespräch miteinander sowie ein diesbezügliches Telefonat am Freitag (als Bilanz einer Woche) genügt aus meiner Sicht hier völlig. Denn dass ein Kind die Schule regelmäßig besucht, seine Hausaufgaben erledigt oder sich situationsgerecht-angemessen verhält, das gehört in erster Linie eben doch in den zwingenden Aufgabenbereich von Eltern.

Meine Fohlen

Es mag sein, dass es etwas unfair ist, wenn ich den Schülerinnen und Schülern, die mir versprechen, am Wochenende meinem Herzensverein die Daumen zu drücken, eine bessere Note zusage.

Es gibt ja auch Kinder, die sich so gar nicht für Fußball interessieren. Manche wiederum tragen gelegentlich T-Shirts, die sie als Bewunderer von *Paris St. Germain,* des *FC Barcelona* oder *Galatasaray Istanbuls* dokumentieren. Und schließlich existieren ja auch Kinder, die sich als Anhänger des *Sterns des Südens* erweisen, was mich, offen gestanden, schon an die Grenzen meines pädagogischen Handwerks zu bringen vermag. Da ist Geduld gefragt bis hin zur Selbstaufgabe. Immerhin aber drohe ich in solchen Fällen nicht gleich damit, dies mit schlechteren Zensuren zu belegen.

Aber darf man das eigentlich? Seine eigenen Vorlieben derart offensiv zur Sprache zu bringen, vor allem, wenn man als Lehrer nun doch eine gewisse *Machtposition* innehat? - Darüber habe ich, einigermaßen ehrlich gesagt, noch gar nicht so viel nachgedacht. Obwohl ich einräumen muss, doch oft genauso gesprochen zu haben. *Meinem Herzensverein die Daumen drücken...* - wortwörtlich. *Für eine bessere Note.* Und manchmal sogar unter der Woche, einige Male gar bei internationalen Begegnungen.

Ob ich das wirklich *so* gesagt habe-? Ohne Frage. Genau*o*. Und ob ich das auch *durfte*? Natürlich nicht, ohne jede Frage...
Aber das Grinsen meiner Schülerinnen und Schüler, so meine ich, ihr Lächeln gab mir Antworten genug (*man bildet sich allerhand ein im Laufe der Jahre*).

Und so knüpfte sich allmählich (*Vorsicht: Pathos!*) ein unsichtbares, ein zartes und solides Band in den Klassenräumen, ein Augenzwinkerband, ein Es-ist-doch-alles-nicht-so-ernst-Band, ein Band aus Albernheiten und Sympathie – und wir alle (*so hoffte ich, so hoffe ich*) fanden wenig Unbehagen bei der Vorstellung, noch ein paar mehr Stunden miteinander zu verbringen.

Glücksmomente

Die überzeugendste Definition dessen, was man unter *Glück* verstehen kann, scheint mir die des klugen Kurt Tucholsky zu sein. Anstatt sich in metaphysische Höhen zu schrauben und von seinem wolkigen Ausguck herab windige Worte abzusondern, worin oder woraus das Glück denn hier *auf Erden* bestehen könnte, erklärte der examinierte Satiriker und hellsichtige Nazihasser einfach und knapp: *Glück bedeutet, sich kratzen zu können, wenn es juckt.*
Wem diese ebenso schlichte und menschenfreundliche wie auch unendlich weise Sentenz sofort einleuchtet, der findet vielleicht auch Gefallen an den nachfolgenden Überlegungen. Zuvor jedoch noch eine winzige Rückkehr in die schon angedeuteten Hochsitze der realitätsfernen Spekulation. Schließlich ist es nicht von der Hand zu weisen, dass *Abstrahieren* bedeute, *die Wolken zu melken,* wie Friedrich Hebbel einmal bemerkte. Wir aber, die wir in den Klassenzimmern der Republik uns tagtäglich mit so unendlich jungen Lichtern beschäftigen, uns auseinandersetzen mit den Zurücksetzungen, Fragen und Schmerzen des Heranwachsens; wir, die wir Zeugen sind des alltäglichen und vor allem inneren Kampfes, erwachsen zu werden und des erwachsen-werden-Müssens; wir schließlich, die junge Menschen teilweise sehr hautnah begleiten bei Prozessen, die so tradiert sind und doch immer wieder so neu, so einzigartig und großartig-wehtuend --- wir wollen uns darum bemü-

hen, aus den Hebbel-Wolken herabzusteigen und uns stattdessen lieber dem Tucho-Rücken anzunähern.

Wir sprachen, wenn ich mich recht entsinne, vom Glück. Selbst ich, den wahrscheinlich das Unglück (vielleicht auch: die Unkenntnis des Glücks) dahin getrieben hat, geradezu zwanghaft eine lebenslange Haftstrafe inklusive Sicherungsverwahrung am Schreibtisch abzusitzen (abzusitzen!), selbst ich habe einige dieser menschenfreundlichen Sternschnuppen erleben dürfen. Wir wollen nicht zu viel verraten, aber wir wollen doch wenigstens andeuten. So dürfen wir von Glücksmomenten sprechen, die sich seinerzeit von Haut zu Haut manifestierten. Von gelungenen Wegmarken des Lebens, etwa bestandenen Prüfungen oder überstandenen Krisen. Verschweigen wollen wir auch nicht Empfindungen, wie sie nur die Natur generieren kann oder die Tiere. Die Musik. Und natürlich die Literatur. Gespräche. Zufälle. Die Luft und die (realen) Wolken. Mit anderen Worten: Dinge genug, die die Faktizität eines Geburtsscheins in die Beweiskraft/Lust des Freude-am-Menschseins verlängern...

Was für ein Schwurbelkram, mein Gott. Denn eigentlich, eigentlich wollen wir hier von etwas reden, was in der Rangliste menschlicher Widrigkeiten an exponierter Stelle weit, sehr weit unten steht. Eigentlich gar nicht darauf erfasst sein dürfte. Gestrichen sein müsste, ein für allemal. Richtig-: wir sprechen davon, sich berufshalber und damit doch recht intensiv mit Heranwachsenden zu beschäftigen. Beschäftigen zu dürfen. Welches Privileg! Kann sich einer dieser missmutigen Lehrkörper, der sich ermattet und übellaunig zum Dienst schleppt und nur noch davon beseelt ist, irgendwann die Pensionsgrenze erreicht zu haben – kann sich dieser Pädagoge, diese Lehrerin, denn gar nicht mehr daran erinnern, was für eine Freude es ist, mit Schulkindern gemeinsam das Fest des Verstehens zu feiern, einen dieser wunderbaren Aha-Momente, die Lust am Begreifen? Hat diesen Ruheständlern in spe noch nie ein Schüler gesagt, dass er sehr gut erklären könne und dass man bei ihm anschaulich etwas lerne? Stand vor diesen resignierten Geistern noch nie eine Schülerin, die ihm mitteilte, dass er seiner Klasse das Gefühl vermittle, wichtig zu sein? Das Gefühl, dass man sich um sie kümmere? Dass man seinen Witz und seine Geduld schätze und sich in seinen Stunden zumeist nicht furchtbar langweile... Was für ein Privileg, mit jungen Menschen den Tag verbringen zu dürfen!

Mich selber trieb jedenfalls nur ein glücklicher Zufall in diesen Beruf. Ursprünglich wollte ich Fußballer oder Schriftsteller werden und molk dabei eifrig die Wolken meiner Pubertät. Und selbst noch während des Studiums war ich weit davon entfernt, mein künftiges berufliches Wirken in der Pädagogik zu sehen. Erst die Liebesbegegnung mit einer Frau, deren Eltern beide unterrichteten und die mir rieten, das doch auch einmal auszuprobieren (sie könnten sich beide meine Person sehr gut in einem Klassenraum vorstellen), erst dieser Zufall änderte mein Denken, und ich schwenkte noch nicht so recht entschlossen auf ein Lehramtsstudium um. Mein Referendariat allerdings begann inmitten äußerst dunkler Wolken. Denn eine andere Liebesbeziehung war wenige Wochen zuvor zerbrochen, und ich begann meine pädagogisch-praktische Ausbildung in der festen Überzeugung, diese niemals befriedigend abschließen zu können. Wie sollte ich mich denn jemals auf das konzentrieren können, was mein künftiger Beruf von mir verlangte, wenn mich Erinnerungsschmerz und Selbstmitleid in eine nahezu unerschöpfliche weinerliche Introspektion zwangen – schon die ersten Stunden im Unterrichtsraum aber lehrten mich, dass es noch anderes gab als diese Larmoyanz, die Sehnsuchtswunden und die Liebespein. Nach relativ kurzer Zeit und nach nur wenigen Begegnungen mit meinen Lerngruppen erwies es sich, dass mich dies nicht nur ablenkte, sondern auch mit Befriedigung erfüllte und mit Freude (noch heute, fast dreißig Jahre später, sagen mir meine Schülerinnen und Schüler gelegentlich, dass mir diese Freude anzusehen sei).

Fast möchte ich sagen, dass Letztere mir kräftig dabei halfen, mich kratzen zu können. Und dass das Jucken zu den alltäglichen Herausforderungen gehört, ja, eine Grundbedingung des Menschseins darstellt, muss nicht extra betont werden...

INHALT

Literarische Erzeugnisse aus der
Backstube…

Neben zahlreichen Veröffentlichungen in Anthologien sind
bisher erschienen:

.

Aus der Hüfte, aus dem Sinn. Gedichte (2002)

Südlich von Dänemark. Grotesken (2003)

Die Hand im Spiel. Erzählungen (2007)

Der Genuß des morgigen Tages. Miniaturen (2009)

Raschelmanns bunt Welt der Pädagogik.
Enzyklopädie (2010)

…Teil einer langen Kette des Lebens…
Sudelbuch (2015)

Mein Lesebuch (2016)

Zu Gast in Kairos. Gedichte (2018)

Phönix aus dem Aschenbecher.
Briefe an Peter Rühmkorf (2019)